VOYAGE AU BOUT DE L'ÉCRIT [1]

---

1. Voir ci-après, p. 14.

SYLVIE DEJY-BLAKELEY
SYLVIE ROSIENSKI-PELLERIN

VOYAGE AU BOUT DE L'ÉCRIT

DE L'EXPLOITATION À LA PRODUCTION DE TEXTES

NIVEAUX INTERMÉDIAIRE ET AVANCÉ

Deuxième édition
revue, corrigée et augmentée

Les cahiers de la collection TEL n° 1
ÉDITIONS DU GREF
Centre universitaire Glendon
Université York
Toronto 2014

Illustrations de la couverture : extraits de la planche « Chemin de fer, omnibus et voitures. Le tunnel entre Tirlemont et Louvain », image de Glenisson & fils, Turnhout, 337 × 307 mm, dans Em. Van Heurck et G. J. Boekenoogen, L'Imagerie populaire des Pays-Bas (Belgique-Hollande), Paris, Éditions Duchartre & Van Buggenhoudt, 1930, édition sur papier de Hollande Pannekoek, exemplaire n° 47, hors-texte en couleur entre p. 144 et 145 (coll. particulière, Toronto).

Données de catalogage avant publication (Canada)

Dejy-Blakeley, Sylvie, 1959-
    Voyage au bout de l'écrit : de l'exploitation à la production de textes
(niveaux intermédiaire et avancé)
(Cahiers de la collection TEL ; n° 1)
Comprend des références bibliographiques et un index.
ISBN : 9780921916581

    1. Français (Langue) — Rhétorique. 2. Communication écrite.
3. Périodiques en éducation. 4. Français (Langue) — Rhétorique — Problèmes et exercices.
I. Rosienski-Pellerin, Sylvie. II. Titre. III. Collection.

LB1044.9.N4D34 1995   808′.0441   C95-900767-9

Direction éditoriale : Alain Baudot.
Saisie du manuscrit : Sylvie Dejy-Blakeley ; Sylvie Rosienski-Pellerin.
Maquette, mise en page et composition : Robert Némoz, en collaboration
avec Sylvie Rosienski-Pellerin et Alain Baudot.
Dessins : Alain Mossé.
Maquettes de la couverture et de la collection : Alain Baudot.
Impression et reliure : Presto Livres, Montréal (Québec).

Nous remercions L'Actualité de nous avoir autorisés à reproduire les articles et publicités utilisés dans cet ouvrage.

© Éditions du Gref, août 1995 (2e édition) ; août 1999 (3e tirage) ; 2014 (9e tirage)
Groupe de recherche en études francophones
Collège universitaire Glendon, Université York
Toronto (Ontario) M4N 3M6
Canada

À Camille,
qui ne sait pas encore lire,
mais sait bien jaser.

Ce professeur-là n'inculquait pas un savoir, il offrait ce qu'il savait. [...] Comme il faut un commencement à tout, il rassemblait chaque année son petit troupeau aux origines orales du roman. Sa voix, comme celle des troubadours, s'adressait à un public *qui ne savait pas lire.* Il ouvrait des yeux. Il allumait des lanternes. Il engageait son monde sur la route des livres. Pèlerinage sans fin ni certiude, cheminement de l'homme vers l'homme.

DANIEL PENNAC, *Comme un roman* (1992).

Remerciements

Nos remerciements vont en premier lieu à nos collègues du Département d'études françaises de Glendon pour leur soutien et leurs suggestions. Nous tenons à remercier tout particulièrement Christine Besnard, Sylvie Clamageran, Rosanna Furgiuele, Nicole Keating et Louise Lewin pour leur contribution et la pertinence de leurs remarques lors de l'élaboration de ce manuel et de sa première exploitation en classe.

Un grand merci également à Alain Baudot, directeur-fondateur du Groupe de recherche en études francophones et des Éditions du Gref, pour l'aide qu'il nous a généreusement prodiguée dans la réalisation de ce projet, ainsi qu'à Robert Némoz, pour sa disponibilité et la qualité de son travail.

Enfin, sans la patience et le soutien moral de Sandy et de Michel, cet ouvrage n'aurait jamais vu le jour.

S. D.-Bl. et S. R.-P.

s o m m a i r e

Première partie : exploitation de textes

Deuxième partie : les relations logiques

a v a n t - p r o p o s

OBJECTIFS

Voyage au bout de l'écrit a pour objectif premier de rendre l'apprentissage de l'écrit plus stimulant grâce à l'exploitation de la **presse francophone dans la salle de classe.** Ce manuel a en effet été conçu de manière à mettre à profit les particularités lexicales, syntaxiques et stylistiques de chaque rubrique de presse *(Portrait, Lettres des lecteurs, Critique de film...)* pour le travail de la compréhension et de l'expression écrites. S'appuyant sur les théories esquissées par les spécialistes de la grammaire de texte, il propose de relier les **textes de genres différents (descriptifs, narratifs ou argumentatifs)** à des objectifs fonctionnels et grammaticaux spécifiques.

L'exploitation de *Voyage au bout de l'écrit* est idéale dans le cadre d'un abonnement de groupe à un magazine francophone : c'est alors en tant que document de travail complémentaire à l'abonnement que le manuel doit être envisagé. Il permet de travailler l'écrit de façon structurée à partir de textes d'actualité, et par là même de retenir l'intérêt des étudiants [1] qui apprennent tout en s'informant. Des **extraits littéraires** ont cependant été ajoutés à la panoplie des documents médiatiques de manière à offrir une plus grande **variété stylistique** et à élargir l'horizon culturel des étudiants.

La seconde partie de l'ouvrage offre quant à elle une série de chapitres consacrés à ce qu'il est communément convenu d'appeler **« les relations logiques ».** Chaque chapitre (accompagné d'exercices) présente les outils lexicaux et syntaxiques auxquels peuvent avoir recours les étudiants pour exprimer cause, comparaison, conséquence, opposition, hypothèse... Cette seconde partie vient ainsi compléter la première dans laquelle **l'exploitation de certains types de textes est associée à l'étude d'une relation logique particulière** (ex. : compte rendu d'événement / cause et conséquence).

Voyage au bout de l'écrit n'aborde pas tous les aspects grammaticaux de la langue mais traite uniquement des éléments pertinents à tel ou tel objectif fonctionnel (décrire, raconter, critiquer...). Une grammaire de référence n'est donc pas négligeable.

---

1. Pour des raisons de style, les auteures ont opté pour les formes masculines de *professeur, lecteur* et *étudiant*, qui devront cependant être décodées comme représentant autant les femmes que les hommes.

MÉTHODOLOGIE

1 ▶ Vocabulaire

Pour chaque rubrique, le manuel propose des **listes lexicales** reliées au genre de texte à produire. Ciblées mais incomplètes, ces listes seront utilisées de la façon suivante :

▷ comme **document à compléter :** à partir d'un travail de groupe ou individuel, les étudiants y ajouteront les expressions nouvelles qu'ils rencontreront au cours de leurs lectures. Le professeur apportera des informations ou explications supplémentaires quant à leur usage.

▷ comme **outil de référence :** au moment de la production de texte, les étudiants y puiseront les expressions ou termes pertinents.

2 ▶ Typologie des activités et exercices

Le manuel propose un certain nombre d'activités et d'exercices visant à amener les étudiants à observer et à produire des textes de sources variées.

2.1 Activités d'observation et de repérage

Les étudiants sont invités à lire un ou plusieurs textes et à en repérer les éléments pertinents en fonction d'un objectif précis. Ainsi, le chapitre *Description d'un lieu* propose trois types de textes à observer : un article journalistique, un texte littéraire descriptif et, enfin, un extrait de guide touristique. De genres différents, ces documents utilisent des **moyens lexicaux et stylistiques variés :** la métaphore, par exemple, est fréquente dans les textes descriptifs à caractère littéraire. Signalons également que si le professeur a choisi d'abonner ses étudiants à un magazine francophone, il pourra en extraire un texte pour remplacer celui que propose le manuel. Il est vrai que les textes tirés de la presse vieillissent très vite, d'où l'intérêt de l'abonnement.

2.2 Activités portant sur la phrase

Vocabulaire et syntaxe sont aussi travaillés à partir d'**exercices plus traditionnels** tels que les exercices à trous, les phrases à compléter, les exercices de transformation, de réduction, d'étoffement, etc. Ces derniers ont fait leurs preuves et correspondent à des habitudes d'enseignement et d'apprentissage.

2.3 Activités portant sur la correction d'erreurs

On a souvent éliminé des manuels les exercices amenant les étudiants à **identifier des erreurs** ou maladresses de peur qu'ils ne les fixent. Pourtant, l'expérience nous apprend que travailler à partir d'un corpus de phrases ou de textes produits par les étudiants comporte bien des avantages. En effet, amenés à identifier les structures erronées, les anglicismes, les imprécisions, les répétitions ou les erreurs lexicales et grammaticales, les étudiants apprennent à se relire plus efficacement.

2.4 Activités portant sur la production de textes

▷ **Activités semi-dirigées**

Les étudiants sont invités à produire un texte en suivant quelques contraintes (canevas d'information, expressions à utiliser...). Les **canevas d'information** ont pour objectif de fournir un minimum d'information à l'étudiant afin que celui-ci puisse mettre l'emphase sur certains aspects grammaticaux, lexicaux ou stylistiques du texte à produire. Il est vrai que les étudiants n'ont pas toujours en tête les données pertinentes pour composer un texte intéressant en un temps de classe limité.

▷ **Activités libres**

Les étudiants doivent mobiliser leur imagination, leur créativité et leurs connaissances linguistiques pour produire un type de texte particulier (portrait, description...).

2.5 Fiches de lecture et fiches critiques

Les **fiches présentées à la fin de chaque chapitre** ont été élaborées pour guider les étudiants dans leur lecture de la presse. Ces derniers sont ainsi invités à relever et à organiser par écrit les éléments pertinents du document : titre, nouveau lexique, mots-clés, types d'informations, mots charnières, etc. Nous espérons que cet outil de travail fera naître de bonnes habitudes de lecture.

CONTENU

(Voir tableau pages suivantes.)

TABLEAU SYNOPTIQUE DES DIFFÉRENTS ÉLÉMENTS ABORDÉS DANS CE MANUEL

TYPES DE TEXTES	OBJECTIFS	GRAMMAIRE DE LA PHRASE ET DU TEXTE	LEXIQUE
Textes descriptifs			
Portraits • de presse • littéraires	Qualifier Caractériser Enrichir la phrase	Mise en apposition Proposition relative Participe présent Reprise de l'information (pronominalisation, nominalisation, substituts lexicaux)	La physionomie La personnalité Le but (verbes et noms)
Description de lieu • récit de voyage • guide touristique • article	Qualifier Caractériser Enrichir la phrase	Prépositions *de, par, à* Voix passive Passé simple Métaphore et comparaison	Aspects physiques et géographiques du lieu Ressources et activités économiques Population Éviter les mots passe-partout
Textes narratifs et informatifs			
Texte lié à l'événement • l'actualité • le fait divers	Raconter Résumer	Récit au passé (temps, expressions de temps) Cause et conséquence	Verbes et expressions pour situer dans l'espace temps
Critique de livres et de films	Situer l'œuvre Résumer l'intrigue Critiquer	Concession et opposition (introduction)	Expressions utiles pour : situer l'œuvre raconter critiquer

Textes argumentatifs			
Lettres des lecteurs	Remercier Féliciter Réagir Livrer une opinion Rapporter le discours de quelqu'un Poser des questions Émettre des suggestions	Subjonctif Discours indirect Opposition et concession (suite)	Expressions utiles pour : remercier féliciter réagir livrer une opinion rapporter le discours de quelqu'un poser des questions émettre des suggestions
Écrit publicitaire	Obtenir l'adhésion du lecteur Convaincre Anticiper les objections	Comparaison Hypothèse	Expressions utiles pour : mettre en valeur
Textes d'idées • l'article • le rapport • l'essai	Situer le problème Poser le problème Avancer, adopter, rejeter, réévaluer et ordonner les arguments Illustrer Comparer Introduire le discours de l'autre Récapituler Conclure	Opposition et concession (fin) Hypothèse (fin) But (fin)	Expressions utiles pour : situer le problème poser le problème avancer, rejeter, réévaluer et ordonner les arguments illustrer introduire le discours de l'autre récapituler conclure

1re partie

EXPLOITATION

DE

TEXTES

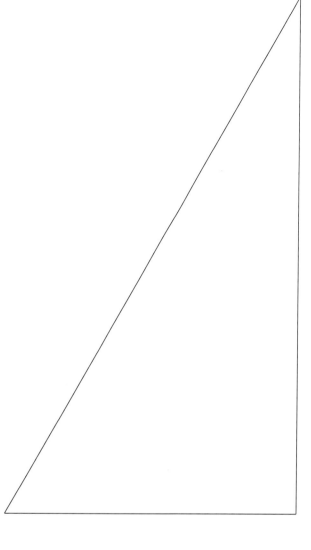

En réalité ceux qui lisent, le crayon à la main, ne soulignent pas nécessairement les passages les plus intéressants d'un chapitre, ils poursuivent une réflexion parallèle à la lecture et ces coups de crayon sont comme des bornes sur le chemin de la pensée. C'est que, si nous lisons un même livre, nous n'avons pas nécessairement les mêmes besoins, les mêmes inquiétudes à satisfaire.

JACQUES GODBOUT, *L'actualité,* 15 mars1991.

[L]ire, c'est d'abord extraire d'un texte des éléments signifiants, des miettes de sens, quelque chose comme des mots clés que l'on repère, que l'on compare, que l'on retrouve. [...] ces mots clés peuvent être des mots [...], mais peuvent aussi être des sonorités (des rimes), des modes de mise en page, des tournures de phrase, des particularités typographiques [...].

GEORGES PEREC, « Lire : esquisse socio-physiologique », 1976.

Qu'on lise pour enrichir ses connaissances, pour trouver ou vérifier une information, ou encore pour se divertir, la lecture est un processus actif et complexe qui engage le lecteur. Celui-ci adopte en effet (le plus souvent inconsciemment) diverses stratégies qui lui permettront d'atteindre ses objectifs de lecture.

STRATÉGIES

1 ▶ L'observation du cotexte

Il est utile, avant de commencer à lire, d'observer le cotexte, c'est-à-dire les éléments d'information situés à la périphérie du texte en tant que tel : **titres, intertitres, photographies, illustrations, variations typographiques,** etc. Ces éléments peuvent en effet permettre au lecteur d'émettre des hypothèses sur le contenu du texte. Cette stratégie est applicable aussi bien aux textes journalistiques qu'aux textes littéraires (l'illustration de couverture, par exemple, programme bien souvent la lecture d'un roman). Pensez-y lorsque vous travaillerez les titres (*cf. **Lire la presse,*** p. 9-19) et la publicité (*cf. **L'écrit publicitaire,*** p. 115-127).

2 ▶ Le balayage

Il n'est pas toujours nécessaire d'entreprendre une lecture détaillée d'un texte pour en dégager les grandes lignes. Il suffit de le **parcourir rapidement des yeux** (« *scanning* ») afin d'y repérer les mots et phrases-clés, ou une information particulière.

3 ▶ Déterminer l'architecture d'un texte

Pour découvrir la structure d'un texte, le lecteur doit d'abord repérer les mots-clés et les idées principales de chaque paragraphe **(dans 90 % des cas, les phrases-clés se trouvent au début et à la fin de chaque paragraphe),** puis les mots charnières (connecteurs) qui constituent la charpente de tout texte. Il pourra alors déterminer le mouvement autour duquel s'organisent les différents paragraphes :

- du général au particulier : une idée générale suivie de faits et d'opinions
- du particulier au général : des exemples suivis de généralisations
- comparaisons ou contrastes de faits, d'événements, d'idées
- développement chronologique
- relations de cause à effet
- problèmes et remèdes

Dans la presse, les journalistes partent généralement du principe selon lequel le lecteur ne lira pas le texte en entier. Par conséquent, ils présentent les faits en ordre décroissant d'importance. Sachant cela, le lecteur peut orienter sa lecture plus efficacement.

4 ▶ Le vocabulaire

Ce n'est que lors d'une deuxième lecture, plus approfondie et détaillée, que le lecteur pourra s'arrêter sur les mots ou expressions qui posent problème. Plutôt que d'avoir recours à son dictionnaire dès qu'apparaît un mot inconnu, le lecteur devrait **s'aider du contexte** ainsi que **des préfixes et suffixes, des mots de la même famille, des synonymes,** des dérivés et des mots apparentés (cognates).

5 ▶ L'identification de la structure de la phrase

Certains textes comportent des phrases très complexes, c'est-à-dire composées de nombreuses propositions. Il est conseillé au lecteur de ne pas se laisser intimider par ces phrases, mais de les décomposer en repérant :

a) le verbe principal (conjugué) ;

b) le(s) sujet(s) du verbe principal ;

c) l'ensemble de la proposition principale ;

d) les autres verbes et leur(s) sujet(s) afin de délimiter les propositions qui dépendent de la principale.

S'il y a lieu, familiarisez-vous avec les parties du discours, autrement dit avec l'analyse logique de la phrase.

6 ▶ Le résumé / La reformulation

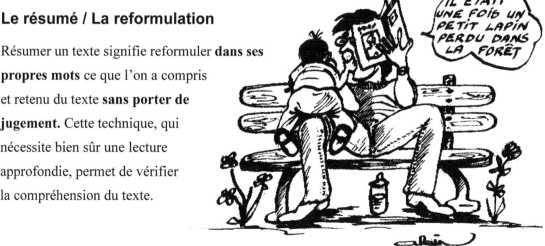

Résumer un texte signifie reformuler **dans ses propres mots** ce que l'on a compris et retenu du texte **sans porter de jugement.** Cette technique, qui nécessite bien sûr une lecture approfondie, permet de vérifier la compréhension du texte.

L'autre mal du sucre

L'hypoglycémie, c'est la panne de carburant de l'organisme.
L'inverse du diabète est très difficile à diagnostiquer.

par Yanick Villedieu

Notre cerveau carbure au sucre. Voir, entendre, sentir, toucher, parler, penser, ressentir des émotions, réagir à la faim, à la soif ou au désir, dormir ou veiller, être conscient : tout ce qui passe par le noble organe a besoin de sucre. Et pas de n'importe quel sucre. De glucose.

Le glucose, c'est dans l'alimentation qu'on le trouve d'abord, notamment grâce aux hydrates de carbone. Au cours de la digestion, il passe dans le sang pour livraison et utilisation immédiates; l'excès est stocké dans le foie sous forme de glycogène. Si l'on ne prend pas assez de glucose, et surtout quand le dernier repas commence à être un peu loin, un mécanisme de défense se met en branle : le foie en fabrique à partir du glycogène qu'il a emmagasiné, et dont il a normalement des réserves pour 12 à 16 heures.

Une fois ces réserves épuisées — le jeûne dure maintenant depuis une bonne journée —, l'organisme se débrouille pour trouver coûte que coûte le précieux carburant. Heure après heure, jour après jour, et même semaine après semaine, le foie puise dans les graisses et les protéines pour continuer à manufacturer du glucose. Au bout d'un jeûne au long cours, ce n'est pas d'hypoglycémie qu'on risque le plus de mourir !

Dame Nature, hélas, ne fait pas toujours aussi bien les choses. « Depuis longtemps, raconte Josée, je ressentais des baisses d'énergie inexpliquées. Mais après une intervention chirurgicale majeure, il y a deux ans, puis une séparation, un an et demi plus tard, tout a empiré. Je me suis mise à avoir des difficultés de concentration et des sueurs fréquentes, des pertes d'énergie spectaculaires, des troubles de la vision, des malaises et même des évanouissements à répétition. »

Chez certaines personnes en effet, les mécanismes normaux de défense contre le manque de glucose fonctionnent mal. La glycémie (taux de sucre dans la sang) tombe sous la normale. Si la chute est rapide, les signaux ressemblent à ceux du stress :

palpitations, tremblements, sensation de chaleur, sudation. Si la chute est progressive, c'est plutôt du côté du cerveau que ça se met à clocher : irritabilité, manque de concentration, voire perte de conscience.

Pourquoi un tel dérèglement ? « L'hypoglycémie n'est pas une maladie mais un symptôme, la manifestation d'une maladie sous-jacente », dit le Dr Jana Havrankova, endocrinologue à l'hôpital Saint-Luc, à Montréal. Quelques affections rares peuvent causer l'hypoglycémie : le cancer du pancréas, un défaut des

L'enfer d'une discipline alimentaire méticuleuse.

glandes surrénales ou de la thyroïde, certains troubles du foie, des intolérances à certains sucres (le fructose des fruits, le galactose des produits laitiers). Plusieurs médicaments contre l'asthme et même contre le rhume peuvent avoir le même effet. « Mais le plus souvent, note la spécialiste, c'est tout simplement un mauvais fonctionnement du pancréas (autre que le cancer) qu'il faudra incriminer. »

Le pancréas est une petite glande dont le boulot consiste à empêcher le taux de glucose de grimper trop haut. Après un repas, il sécrète ce gendarme du sucre qu'est l'insuline. Pas assez de cette hormone : la glycémie monte et c'est le diabète. Trop d'insuline : le taux de sucre sanguin dégringole et c'est l'hypoglycémie.

« Curieusement, explique le Dr Havrankova, l'hypoglycémie est souvent le signe avant-coureur de son contraire, le diabète. Le pancréas semble devenir paresseux, souffrir de dysfonctionnement; il met du temps à commencer sa sécrétion d'insuline, mais une fois en marche, il semble avoir du mal à s'arrêter. Je dis *semble* parce qu'on n'est pas sûr que cela se passe exactement ainsi. L'hypoglycémie est encore très mal étudiée. »

Comme tous les troubles de santé à symptômes non spécifiques (à peu près tout et n'importe quoi peut causer des pertes d'attention, des baisses d'énergie ou de l'irritabilité), l'hypoglycémie a un *fan club* assez nombreux. La moindre faiblesse en fin de matinée et l'accusation tombe : « C'est mon hypo ! »

Mais n'est pas hypoglycémique qui veut. Un taux de sucre sanguin, ça se mesure. Par exemple en déposant une gouttelette de sang sur un papier buvard, qui sera plus tard analysé en laboratoire. Le Dr Havrankova a donc demandé à plus d'un millier de personnes cataloguées comme hypoglycémiques de faire le test du buvard *au moment où elles ressentaient des malaises*. Plus de 6000 échantillons ont ainsi été recueillis et analysés à Saint-Luc. On n'a trouvé que 52 vrais hypoglycémiques. Et 995 patients sans hypoglycémie « objectivable » sur le plan biochimique.

« Ce qu'ils avaient ? Je n'en sais rien, dit l'endocrinologue. Mais je sais qu'ils ne manquaient certainement pas de glucose. Et qu'il leur faudra chercher ailleurs la cause de leurs malaises, puisqu'il y avait bel et bien malaises. »

Au moment où je l'ai interviewée, Josée finissait sa série de prélèvements pour le test du buvard. Ferait-elle partie des 5 % d'hypoglycémiques véritables ? Elle n'en savait rien. Tout ce qu'elle savait, c'était qu'elle allait peut-être enfin comprendre ce qui lui arrive —mieux qu'avec le spécialiste consulté quelques mois auparavant et qui, après l'avoir écoutée pendant moins de deux minutes, lui avait servi un beau : « Ma petite madame, allez donc voir un psychologue. »

Tout ce qu'elle craignait aussi, c'était qu'il ne lui faille encore longtemps contrôler son alimentation avec une discipline méticuleuse. Trois repas à heure fixe, trois collations à heure tout aussi fixe, des ingrédients calculés au gramme près. Jusqu'à nouvel ordre, cette rigide arithmétique de l'assiette reste sa seule et bien contraignante façon de fonctionner... à peu près normalement. ■

« L'autre mal du sucre », de Yannick Villedieu (*L'actualité*, 15 déc. 1993)

APPLICATION

Lisez l'article ci-contre en respectant les étapes suivantes :

1. À partir du cotexte (titres, photographie...), anticipez le contenu de l'article.

2. Lisez l'article une première fois sans consulter votre dictionnaire et interrompez votre lecture pour vous poser les questions suivantes : Que va dire l'auteur ? Où veut-il en venir ? En somme, anticipez !

3. Relisez l'article une seconde fois et reformulez de mémoire les points qui vous ont marqué.

4. Recherche lexicale :

    a) Relevez les mots qui vous sont inconnus et essayez d'en déterminer le sens en fonction du contexte.

    b) Si le contexte ne vous aide pas, trouvez des mots de la même famille ou des mots qui leur sont apparentés dans votre propre langue.

    c) Consultez alors votre dictionnaire.

    d) Suggérez un synonyme en contexte.

5. Habituellement, chaque paragraphe correspond à une idée générale.

    a) Reformulez oralement et dans vos propres termes l'essentiel de l'information présentée dans chaque paragraphe.

    b) Donnez un titre à chaque paragraphe.

6. Relisez attentivement le texte et tentez de dégager le cheminement des idées en vous posant les questions suivantes :

    a) Cette idée vient-elle confirmer la précédente, l'illustrer ou s'y opposer ? En d'autres termes, s'agit-il d'une explication, d'un exemple, d'une anecdote, d'un fait, d'une opinion, d'un argument... ?

    b) L'auteur a-t-il recours à des mots charnières pour articuler sa pensée ? Quels autres moyens utilise-t-il ?

2

Lire la presse

TYPES D'INFORMATION

L'information présentée par la presse se regroupe autour de cinq catégories :

L'information générale

Dans les **comptes rendus d'événements, les reportages et les enquêtes**, le journaliste présente une crise, un conflit ou un événement le plus objectivement possible. Il s'efface devant l'information et ne prend en aucun cas parti.

Les commentaires

Dans les **éditoriaux, critiques** et **chroniques**, le journaliste expose son opinion, argumente sur un événement et s'exprime librement sur l'actualité.

Les distractions

Il s'agit des **jeux, bandes dessinées, horoscopes, histoires drôles** et **concours.**

Les commentaires extérieurs

Les lettres des lecteurs ou le **courrier des lecteurs** reflètent l'opinion du public sur des articles parus dans des numéros précédents.

L'information pratique

Cette catégorie comprend les **bulletins météorologiques, adresses, calendriers de spectacles, cours de la bourse, petites annonces...** (information qui se trouve surtout dans la presse quotidienne).

VOCABULAIRE DE LA PRESSE

L'encadré (m.)

Boîte représentant des informations concrètes et attirantes ainsi mises en valeur par leur disposition graphique. On le rencontre surtout dans la presse quotidienne.

Le sous-titre

Formé de deux ou trois phrases, il est placé sous le titre et complète ce dernier.

La critique

Article dans lequel le journaliste expose son opinion sur un livre, un spectacle ou un film.

L'intertitre

Extrait de l'article choisi pour sa pertinence et son impact. Souvent en caractères gras et détaché visuellement du reste du texte, il est destiné à relancer l'intérêt du lecteur.

La chronique

Article signé par un écrivain ou une personnalité qui contribue régulièrement au journal ou au magazine.

L'éditorial (m.)

Article écrit habituellement par le rédacteur en chef du magazine. Il commente un événement important de l'actualité.

La brève

Article court de dix à quinze lignes, sans titre.

Le dossier de presse

Dossier se proposant de rassembler et de classer des articles ou des informations portant sur un même sujet.

La rubrique

Article appartenant à un domaine précis (rubrique politique, économique, gastronomique...).

ÉTUDE DES TITRES

Les titres, sous-titres et intertitres livrent au lecteur l'essentiel de l'information : ils programment la lecture.

1er OCTOBRE 1994, VOL. 19, NO 15

46 LES DESSOUS DE L'AFFAIRE FABRIKANT

Dans une université trop faible pour lui tenir tête, un professeur solitaire a voulu se faire justice. Quatre hommes en sont morts. Morris Wolfe a fouillé l'histoire de ce personnage tragique.

65 DUCHARME RACONTÉ PAR SA MÈRE

L'écrivain Réjean Ducharme n'a jamais accordé d'entrevue, mais sa mère s'est confiée... une seule et unique fois. Un document exceptionnel.

12 FAITH POPCORN : FAUT S'ÉCLATER ! La Nostradamus du marketing ressort sa boule de cristal. À l'horizon : le plaisir.

41 LE CINQUIÈME CAVALIER DE L'APOCALYPSE La tragédie du Rwanda a ramené dans nos salons le spectre du choléra.

60 ILS SONT FOUS CES ULTRAMARATHONIENS ! Une simple séance de jogging vous apparaît rebutante ? Imaginez une semaine...

68 LE PETIT ROI A 60 ANS Vigneault aimait l'hiver, Félix, les vieux souliers. Ferland, c'étaient et ce sont encore les femmes.

1 ▶ La syntaxe du titre

Les titres sont d'une grande variété syntaxique. Ils sont formés notamment de groupes nominaux et de phrases simples.

1.1 Groupes nominaux

Femmes au bord de la cinquantaine

L'Ontario de demain

Par mesure d'économie, les titres de journaux et de magazines tendent à privilégier les groupes nominaux, et donc à avoir recours à la **nominalisation,** processus qui consiste à transformer une construction verbale ou adjectivale en groupe nominal :

Événement : un avion **a été détourné** dans le sud de la France.

Titre : **détournement** d'avion dans le sud de la France.

Les titres de journaux faisant souvent référence à un fait divers ou un événement, **la nominalisation porte surtout sur le verbe** et a alors recours aux suffixes suivants :

–age : sonder - le sondage	Sondages favorables à la majorité
–ment : déployer - le déploiement	Déploiement de troupes au Rwanda
–tion : détenir - la détention	Un an de détention pour trafic de drogue
–ure : fermer - la fermeture	Fermeture de deux mines en Ontario
–son : trahir - la trahison	L'affaire Moulin : trahison ?

 N. B. On omet généralement l'article devant les titres nominaux.

1.2 Phrases simples

- **déclaratives**

On a sauvé l'essentiel

- **impératives**

Touche pas à ma planète !

Ces titres expriment souvent un sentiment ou une émotion.

- **interrogatives**

Est-ce l'éclatement des centrales nucléaires ?

- **exclamatives**

  La charité pour les parcs !

  Vive les autochtones libres !

- **ayant recours aux deux-points**

  Terrain de jeux : cosmos

  La société distincte : une société fallacieuse

Ces titres apportent une explication, établissent un rapport de causalité ou encore indiquent un lieu.

 N. B. Les titres ne prennent pas de point.

2 ▶ Les fonctions du titre

▷ De nature informative, incitative, explicative ou humoristique, le titre nous **renseigne** sur le contenu de l'article ou du livre :

   La Vie de Jean Racine

   Second Sommet de la francophonie

▷ Il a aussi pour fonction d'**attirer l'attention du lecteur** grâce à des mots soigneusement choisis et à des formules qui frappent l'imagination. Calembours, homonymes, métaphores, néologismes et clins d'œil culturels y sont fréquents :

   Quand le maire en a marre...

   Le jeu des gènes et du hasard [allusion à la comédie de Marivaux *Le Jeu de l'amour et du hasard*]

3 ▶ L'explication du titre

▷ Les titres « incitatifs », c'est-à-dire destinés à inciter à la lecture, font parfois allusion à des références culturelles d'ordre mythologique, historique, littéraire ou social.

- Les grandes **œuvres littéraires ou cinématographiques** sont bien entendu un puits de références pour l'élaboration de titres originaux. Souvent, il suffit de changer un mot pour produire un effet séduisant :

   L'homme et la terre
   [référence à l'œuvre d'Hemingway *Le Vieil Homme et la Mer*]

   Voyage au bout de l'écrit
   [allusion au roman de Céline *Voyage au bout de la nuit*]

- Dans le même ordre d'idées, on rencontre fréquemment sous la plume des journalistes des références aux héros de **textes anciens** tels que *L'Iliade* et *L'Odyssée* :

    La guerre des trois
    [allusion à la guerre de Troie]

    Le talent d'Achille
    [jeu de mots : allusion au talon d'Achille, seul endroit où celui-ci ne fut pas invulnérable]

- La **mythologie grecque ou latine** est une source d'inspiration inépuisable. Il est assez courant de reprendre une qualité, un défaut ou une caractéristique traditionnellement attribuée à un héros pour présenter une personnalité :

    La Vénus des années 90

    Une force d'Hercule

- Il n'est pas rare non plus que les journalistes mettent à profit des **événements, tendances ou informations véhiculés par les médias** et donc très connus :

    Touche pas à mon mur !
    À Montréal, il est interdit de coller des affiches sur les murs et les palissades.

    L'actualité, 15 juin 1991.

    [Clin d'œil culturel : « Touche pas à mon pote » est le slogan de « SOS Racisme », organisation fondée en France par Harlem Désir dans les années 80. *Pote* est un terme familier qui signifie *ami*.]

▷ Pour produire un effet de sens recherché, on a aussi très fréquemment recours aux **néologismes, aux effets de sonorités** et aux **jeux de mots.**

- Les journalistes s'amusent par exemple à **former des mots sur le calque d'autres :**

    Les fonctionnaires atteints de **réunionite** aiguë

    [Les fonctionnaires souffrent de participer à de trop nombreuses réunions, d'où l'expression formée à partir du suffixe *–ite* utilisé dans les noms de maladies (la méningite...).]

- Ils jouent aussi sur la **graphie** (l'orthographe) ou la **prononciation** (effets de sonorité) :

    Mister Mystère

- Les **jeux de mots** feront sourire le lecteur et l'inciteront peut-être à lire le texte :

    Ayez les lames à l'œil
    [jeu de mots lames/larmes ; article sur les patineuses canadiennes devant participer aux Olympiques]

4 ▶ Le sous-titre

▷ Le sous-titre est placé sous le titre et comporte deux ou trois phrases. Il reprend le message essentiel de l'article :

> **PÊCHES**
>
> # Le déclin du saumon nord-américain
>
> Les pêcheurs ont beau avoir rangé leurs filets, l'espèce continue
> sa chute libre. Les spécialistes ont trouvé le nouveau bobo : le froid.

▷ Le sous-titre « incitatif » pousse le lecteur à continuer sa lecture :

> **SANTÉ**
>
> # Les phobies, ça se soigne
>
> Avez-vous peur des serpents, des chiens noirs, des insectes ?
> Peur d'avoir peur ? La solution à votre panique existe.

> **ENVIRONNEMENT**
>
> # Le homard aux pinces d'or
>
> Pendant qu'ailleurs il se fait rare, au Québec,
> c'est la pêche miraculeuse. Le secret ? Gestion et conservation.

EXERCICES

1. **Recherchez dans le magazine francophone de votre choix des titres informatifs et incitatifs.**

2. **Reconstituez les titres suivants et posez des hypothèses quant au contenu de l'article correspondant. Pensez à la majuscule en début de titre.**

   1. Europe – nous – les – serons – profiteurs – grands – de – l'

   _____

   2 Cambridge – - – Derrida – de – les – - – portes – forcé – il – comment – t – a – ?

   _____

   3. Olympiques – sur – de – rideau – les – lever – le

   _____

   4. Washington – autre – et – entre – guerre – Tokyo – une – , –

   _____

   5. malade – art – l' – il – - - – est – ?

   _____

   6. à – Italie – la – l' – dérive

   _____

   7. réussite – clés – en – train – de – sont – changer – les – la – de

   _____

   8. médecins – malaise – les – chez

   _____

   9. nez – pied – de – faire – pour – hiver – à – un – l'

   _____

   10. les – école – dix – commandements – : – nouveaux

   _____

3. **Faites reconstituer des titres (d'articles, de livres, de films...) dont vous aurez préalablement mis les mots dans le désordre.**

4. Transformez les phrases ci-dessous en titres nominaux.
   Ex. : On revalorise l'enseignement. / <u>Revalorisation</u> de l'enseignement.

1. Les ouvriers et les patrons s'affrontent.

_____

2. Les taux d'intérêts ont chuté.

_____

3. L'indépendantisme recule.

_____

4. Les barrières douanières ont été totalement supprimées.

_____

5. Dans l'affaire C., des personnes ont été récemment arrêtées.

_____

6. Le premier ministre partira demain en Nouvelle-Zélande.

_____

5. Relevez les jeux de mots et les subtilités des titres suivants et devinez le sujet des articles auxquels ils renvoient.

1. Les Smurfs du surf

2. La guerre de l'eau aura-t-elle lieu ? (*L'actualité*, févr. 1994)

3. Alexandre, le bienheureux (*L'actualité*, 15 oct. 1993)

4. Vol au-dessus d'un nid de pinceaux (*L'actualité*, févr. 1993)

5. Les Duchesnay déchaînés

6. Eh bien, dansez maintenant ! (*L'actualité*, mars 1993)

7. Les lessives lavent plus vert ! (*L'Express*, févr. 1990)

8. Ceci est mon sang (*L'actualité*, janv. 1993)

9. Le prix qu'on court (*L'actualité*, nov. 1988)

10. Bill, le Conquérant (*L'actualité*, oct. 1992)

6. **Essayez d'imaginer le contenu de l'article correspondant à chacun des titres suivants, puis rédigez un court paragraphe d'introduction.**

1. Les trois urgences de l'humanité

2. Les diplômes ne suffisent plus

3. Clinton : les promesses, la réalité

4. Pourquoi filles et garçons sont-ils différents ?

5. Donner, recevoir, échanger : un jeu d'enfants

7. **Quels titres proposez-vous pour les passages suivants ?**

1. À une femme qui n'aimait pas le portrait qu'il avait peint d'elle, Picasso a dit : « Ce n'est pas grave, vous finirez par lui ressembler. » *(L'actualité,* févr. 1994)

2. Les bébés naissent de plus en plus souvent en septembre. Et alors ? Alors, si on fait le calcul, cela implique une conception au début de janvier, soit le lendemain du réveillon du jour de l'An. Après la dinde... et avant l'impôt !

3. La première opération d'une malade atteinte d'un cancer du sein au Canada remonte à... 1700. Malgré les techniques chirurgicales et les méthodes d'anesthésie rudimentaires à l'époque, le chirurgien Michel Sarrazin, 26 ans, a en effet pratiqué cette année-là l'ablation d'une tumeur cancéreuse chez une religieuse. (*L'actualité,* févr. 1994)

3

Le portrait de presse

La presse fournit de nombreux portraits décrivant la vie de personnalités historiques, politiques, sportives ou du monde littéraire et artistique. Le journaliste aborde différentes caractéristiques de la personne en question : son origine, son physique, ses talents, ses traits de caractère, ses opinions, ses aspirations... Il nous dresse en somme une petite biographie.

décrire

Le portrait littéraire

Les œuvres littéraires — et plus particulièrement les romans, nouvelles et contes — abondent elles aussi en (auto)portraits physiques et psychologiques. Les éléments descriptifs étant généralement dispersés tout au long de la narration, le lecteur devra (re)construire le portrait au cours de sa lecture.

DÉMARCHE

Il est conseillé d'organiser son travail avant de se lancer dans la rédaction du portrait.

☞ **Observez** une photo de la personne que vous voulez décrire ou **représentez**-la-vous mentalement.

☞ **Réfléchissez** aux différents aspects que vous allez aborder dans la description : le physique, le caractère, les talents, les qualités, le travail, la tenue, les objectifs, etc.

☞ **Choisissez** les aspects qui caractérisent le mieux cette personne.

☞ **Organisez** leur description en faisant si possible preuve d'originalité.
  • Pour le portrait physique, par exemple, vous pouvez choisir un mouvement de description allant du haut vers le bas en décomposant et en décrivant successivement les différentes parties du corps : les cheveux, le front, le nez, la bouche, etc.
  • Pensez à établir un lien entre les aspects : par exemple, entre les traits physiques et le caractère, le caractère et le travail...

☞ **Procédez alors à une recherche lexicale** pour enrichir vos descriptions. (*Cf. Recherche lexicale,* ci-dessous.)

☞ **Rédigez** enfin le portrait tout en tenant compte des aspects syntaxiques et stylistiques propres à ce type d'écrit. (*Cf. Particularités stylistiques et syntaxiques,* p. 29-33.)

RECHERCHE LEXICALE

Vu de très près, et même s'il ne fait pas ses 60 ans, son visage apparaît marqué d'une multitude de petites rides dont on ne sait pas si elles sont dues au rire, aux larmes ou au temps. Sa chevelure, indisciplinée, est abondamment striée de gris. Ses yeux brillent d'intelligence, de malice ou d'indignation, selon le moment. Il s'exprime dans un français impeccable teinté d'un accent, polonais bien sûr, mais qui me rappelle celui du très anglais Peter Ustinov.

« Le roman de Roman », *L'actualité,* 15 mars 1994.

Elle avait un si beau visage, avec des pommettes saillantes, un sourire charmeur et un regard enfantin. J'aimais son nez aquilin et fin qui trahissait son origine nordique. Elle avait des yeux couleur d'ambre, une peau douce et dorée comme les blés.

1 ▶ Dictionnaires

 Les dictionnaires sont de bons outils de travail pour la recherche d'un lexique adéquat et précis. Consultez-les.

- Ils fournissent souvent, en italiques, des exemples ou des citations réutilisant en contexte le terme défini.

> **TALENT** [talɑ̃] *n. m.* [...] **II.** (xvııᵉ). Don, aptitude. ♦ **1°** *Vieilli.* [...] ◊ *Mod.* (1624) Aptitude particulière, dans une activité. *« Celui qui se fait connaître par quelque talent »* (Chamfort). Fam. *Montrez-nous vos talents,* ce que vous savez faire. *Talent de société,* qui intéresse, divertit en société. *Talent d'amateur. Talent littéraire. Talent de virtuose.* ♦ **2°** *Absolt.* Le talent : aptitude remarquable dans le domaine intellectuel ou artistique. *Avoir du talent. « Le génie est peut-être au talent ce que l'instinct est à la raison »* (Renard). *« Sans travail, le talent est un feu d'artifice »* (Mart. du G.). *« La facilité... c'est le talent tourné contre lui-même »* (Sartre). *« Un écrivain de talent »* (Zola). *Le talent d'un peintre estimé. « Ce talent qui ne fut ni très élevé, ni très énergique, ni très étendu »* (Ste-Beuve). ◊ Personne qui a un talent particulier (artistique, littéraire, politique, etc.), qui a du talent. *« Encourager les jeunes talents »* (Hugo). — (Collectif) *Le talent :* les gens de talent.
>
> *Le Petit Robert.*

Inspirez-vous des exemples et des citations pour vos propres travaux. Veillez cependant à ne pas réutiliser une citation entière ou partielle sans en citer l'auteur.

> ↳ C'était un violoniste exceptionnel dont **les talents de virtuose** avaient été remarqués dès son plus jeune âge.

> ↳ Cet artiste peintre aime rappeler aux journalistes les propos de Martin du Gard selon qui **« sans travail, le talent est un feu d'artifice ».** Il lui avait en effet fallu passer de nombreuses heures, pinceau à la main, avant d'être reconnu.

- Certains dictionnaires fournissent des synonymes ou des équivalents pour le terme défini. N'hésitez pas à consulter la définition des synonymes.

> **APTITUDE** [aptityd] *n. f.* [...] ♦ **2°.** *Cour.* (xvıᵉ). Disposition naturelle. V. **Disposition, penchant, prédisposition, propension, tendance.** *Avoir une grande aptitude à* (ou *pour*) *faire qqch.* V. **Adresse, capacité, facilité, habileté.** *« Le génie n'est qu'une plus grande aptitude à la patience »* (Buff.). *« Toutes les âmes n'ont pas une égale aptitude au bonheur »* (Chateaub.).
>
> *Le Petit Robert.*

> ↳ Son **aptitude** / sa **facilité** à reproduire une mélodie après ne l'avoir entendue qu'une seule fois lui valait l'admiration de tous ses confrères.

2 ▶ Fiches de vocabulaire

Les fiches de vocabulaire ci-dessous ont été conçues comme **document de référence** pour faciliter tout travail de recherche lexicale lors de l'élaboration écrite d'un portrait. Elles pourront être complétées par l'étudiant au fil de ses lectures.

2.1 Physique

Les cheveux   raides / frisés / bouclés / ondulés / châtains / blonds / roux / blond vénitien* /
courts / longs / crépus / rares / soyeux / épais / fins / taillés en brosse

À vous d'en trouver d'autres ! _____

_____

Les yeux   marron clair * / noisette * / ronds / en amande / bridés / enfoncés / rieurs / vifs /
brillants / pétillants / durs / froids / ternes

À vous ! _____

_____

⚠️ * N. B. Les **adjectifs composés** et les **noms** employés pour désigner la couleur (cerise, marron, poivre et sel...) ne s'accordent pas.

> Des yeux **bleu foncé.** Des cheveux **poivre et sel.** Des chaussures **orange.**

Le regard   narquois (moqueur et malicieux) / sournois / inquiet / profond / sombre /
méchant / joyeux / furtif / en coin / à la dérobée / étonné / courroucé (en colère) /
interrogateur

À vous ! _____

_____

Le nez   aquilin (en bec d'aigle) / busqué / crochu / écrasé / épaté (court et large) /
retroussé (court et au bout relevé) / en trompette (retroussé) / pointu

À vous ! _____

_____

La corpulence   élancé / mince / gros / robuste / musclé / svelte / trapu / bien bâti

À vous ! _____

_____

La démarche	hésitante / titubante / nonchalante / assurée / aisée / majestueuse

À vous ! _____

_____

La voix	caverneuse / profonde / plaintive / chaude / enrouée / rauque / forte / puissante / claire / pure / timbrée / vibrante / perçante / chevrotante / cassée / éraillée

À vous ! _____

_____

 N. B. Les particularités physiques d'une personne sont souvent introduites par la préposition *à* qui a alors le sens de *avec* :

Un homme **au** regard malicieux. Une enfant **à** la voix claire.

2.2 Informations sur la personne

L'origine

- être originaire de la Gaspésie
- venir du Québec
- avoir des origines italiennes

La nationalité

- être de nationalité hongroise
- être canadien (adjectif : pas de majuscule !)
- un Canadien (nom : majuscule !)

L'âge

- avoir soixante ans / la soixantaine
- être d'un certain âge (assez âgé) / être âgé de...

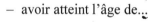

- avoir atteint l'âge de...
- aller sur ses vingt ans

2.3 Personnalité

Le caractère

- sombre / triste / fort / réservé / sérieux / exubérant / passionné
- avoir bon caractère / mauvais caractère
- avoir un tempérament enjoué / un tempérament de feu
- avoir le cœur sur la main
- avoir la tête sur les épaules
- être fermé sur soi-même
- être une forte tête / être vieux jeu
- faire preuve de générosité (f.) / d'honnêteté (f.) / de gentillesse (f.) / de curiosité (f.)
- montrer de l'aplomb / de l'assurance / de la perspicacité
- avoir l'esprit vif

Les talents

- avoir une multitude de dons / être un génie du rythme
- avoir plusieurs cordes à son arc
- avoir un penchant / une passion pour...

Le travail

- montrer de l'ardeur au travail
- être zélé / enthousiaste / plein d'énergie
- être un maniaque du travail
- gravir rapidement les échelons (obtenir rapidement des promotions)
- prendre sa retraite / être à la retraite / être retraité

Les relations

- se faire une grande / bonne / mauvaise réputation
- jouir d'une grande notoriété (être célèbre, connu)
- être estimé
- être courtisé par telle ou telle catégorie de personnes
- se mettre quelqu'un à dos (se faire un ennemi)

La tenue

- être toujours tiré à quatre épingles (toujours très bien habillé)
- avoir une tenue négligée
- être habillé à la dernière mode

Les buts

- tenter de... / tâcher de... / s'efforcer de... / chercher à...
- viser un poste intéressant
- caresser des ambitions démesurées
- le but / l'objectif (m.) / la mission / la vocation / la volonté / le désir (*Cf. **Le but,** p. 153-157.*)

EXERCICES

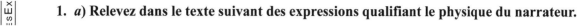

1. *a*) **Relevez dans le texte suivant des expressions qualifiant le physique du narrateur.**

b) **Dégagez le plan de l'autoportrait.**

> Je viens d'avoir trente-quatre ans, la moitié de la vie. Au physique, je suis de taille moyenne, plutôt petit. J'ai des cheveux châtains coupés court afin d'éviter qu'ils ondulent, par crainte aussi que ne se développe une calvitie menaçante. Autant que je puisse en juger, les traits caractéristiques de ma physionomie sont : une nuque très droite, tombant
> 5 verticalement comme une muraille ou une falaise, marque classique (si l'on en croit les astrologues) des personnes nées sous le signe du Taureau ; un front développé, plutôt bossué, aux veines temporales exagérément noueuses et saillantes. [...] Mes yeux sont bruns, avec le bord des paupières habituellement enflammé ; mon teint est coloré ; j'ai honte d'une fâcheuse tendance aux rougeurs et à la peau luisante. Mes mains sont maigres,
> 10 assez velues, avec des veines très dessinées ; mes deux majeurs, incurvés vers le bout, doivent dénoter quelque chose d'assez faible ou d'assez fuyant dans mon caractère.
>
> Ma tête est plutôt grosse pour mon corps ; j'ai les jambes un peu courtes par rapport à mon torse, les épaules trop étroites relativement aux hanches. Je marche le haut du corps incliné en avant ; j'ai tendance, lorsque je suis assis, à me tenir le dos voûté ; ma
> 15 poitrine n'est pas très large et je n'ai guère de muscles.
>
> MICHEL LEIRIS, *L'Âge d'homme.*

2. Remplacez les expressions en caractères gras par d'autres expressions de manière à transformer les portraits ci-dessous.

Texte 1

Akiro était un Japonais **de haute taille, toujours tiré à quatre épingles.** Il avait tendance à se tenir le dos **voûté,** ce qui lui donnait un certain air d'**humilité.** Ses **petits** yeux brillaient de malice chaque fois qu'il **souriait.** Il parlait toujours d'une voix **douce et mélodieuse** qui contrastait avec le sombre portrait que l'on s'était fait de lui après l'avoir vu jouer dans divers films d'espionnage.

Texte 2

C'est une jeune journaliste **à l'immense talent,** connue surtout **pour l'ironie mordante** avec laquelle elle s'attaque **au monde de la politique. Curieuse de tout, drôle** et toujours en pleine possession de ses moyens de création, cette jeune femme aux origines **modestes** a commencé sa carrière dans le journalisme à l'âge de 17 ans.

3. **Pour chaque expression idiomatique (colonne de gauche), trouvez la définition correspondante (colonne de droite).**

    a) être un mordu de...   1. être enthousiaste et énergique

    b) être vieux jeu   2. être en bonne santé

    c) être bien portant   3. avoir un goût extrême pour quelque chose

    d) être une forte tête   4. avoir des talents naturels

    e) être tout feu tout flamme   5. ressembler fortement à...

    f) être le portrait vivant de...   6. être démodé

    g) être doué pour...   7. avoir une forte personnalité

    h) être bien élevé   8. être poli

    i) avoir le cœur sur la main   9. être sensé, savoir ce que l'on fait

    j) avoir la tête sur les épaules   10. avoir plus d'une ressource pour réussir

    k) avoir les nerfs à fleur de peau   11. être généreux

    l) avoir plusieurs cordes à son arc   12. être facilement irritable

4. **Décrivez le physique de la personne de votre choix.**

PARTICULARITÉS STYLISTIQUES ET SYNTAXIQUES

« Renoir, **le patron** », disait François Truffaut. Dix ans après sa mort, Jean Renoir, **le fils du plus grand des peintres impressionnistes français**, reste pour de nombreux cinéastes contemporains, QUI ONT POUR LUI TENDRESSE ET RESPECT, **le maître du cinéma-vérité**. [...]

le substitut lexical avec ou sans article

LA PROPOSITION RELATIVE DÉTERMINATIVE OU DESCRIPTIVE

la mise en apposition

Renoir, sensuel, insolent, poète, moraliste, est tout entier dans chacun de ses films. Plus à l'écoute des êtres, **il** témoigne de son siècle, *passant* du scepticisme et de la révolte à la confiance et l'humanisme.

la pronominalisation

le participe présent

Dépêche de l'AFP, dans *L'Express de Toronto*, 26 févr. – 6 mars 1989.

1 ▶ La mise en apposition

Un groupe nominal peut être déterminé par un élément qui lui est apposé, c'est-à-dire qui le suit ou le précède directement. On appelle cette opération **la mise en apposition.** Celle-ci souligne une caractéristique de l'être ou de l'objet désigné. Elle est souvent détachée par une virgule à l'écrit et par une pause à l'oral. L'élément mis en apposition se rapporte toujours au sujet de la proposition principale.

Bell, **l'inventeur du téléphone,** a enseigné le langage par signes aux sourds-muets.

Louis XIV, **le Roi-Soleil,** n'avait que cinq ans à la mort de son père.

Les appositions peuvent prendre la forme d'un adjectif, d'un nom, d'un groupe nominal, d'un participe (présent ou passé) ou d'une proposition relative.

Sportif, philosophe, homme de sciences et politicien, Trudeau est aussi un être de paradoxes. (groupes nominaux)

Son travail, **qui a toujours été reconnu,** lui procure beaucoup de satisfaction. (relative)

Sortant rarement, il devenait de plus en plus renfermé. (participe présent)

⚠ N. B. Pour les noms ou groupes nominaux en apposition, l'article indéfini *(un, une* ou *des)* est toujours omis.

La mise en apposition est fréquemment utilisée dans la description. Elle permet d'introduire de nombreux éléments d'information dans une phrase tout en gardant cette dernière claire et concise.

2 ▶ Le participe présent

Le scripteur peut avoir recours au participe présent (forme en *–ant*) mis en apposition lorsqu'il dépeint les actions de la personne décrite. Le participe présent peut être remplacé par une **relative** ou une proposition introduite par **comme / étant donné que** exprimant la cause. Il est invariable.

Renoir, **excellant [= qui excellait]** dans son domaine artistique, a fini sa carrière aux États-Unis.

Ayant vécu [= comme il a vécu] dans un pays anglophone, il est devenu bilingue.

Il ne faut cependant pas confondre certains participes présents avec l'adjectif verbal correspondant :

INFINITIF	ADJECTIF VERBAL (ÉTAT)	PARTICIPE PRÉSENT (ACTION)
savoir	savant	sachant
différer	différent	différant
exceller	excellent	excellant
négliger	négligent	négligeant
précéder	précédent	précédant
fatiguer	fatigant	fatiguant
convaincre	convaincant	convainquant
provoquer	provocant	provoquant
communiquer	communicant	communiquant

3 ▶ La proposition relative descriptive et déterminative

La proposition relative a pour rôle d'apporter un supplément d'information sur un groupe nominal précis. Celui-ci est aussi appelé **antécédent** et est rattaché à la proposition relative par un **pronom relatif** *(qui, que, quoi, où, dont, lequel, auquel...)*. La proposition relative peut être déterminative ou descriptive :

- **déterminative** lorsqu'elle ne peut être supprimée au risque de nuire au sens de la phrase. Elle n'est pas séparée de l'antécédent par une virgule.

   La jeune fille **qui me regarde** est une excellente élève.

- **descriptive** lorsqu'elle peut être supprimée sans nuire au sens de la phrase. Elle est alors séparée de son antécédent par une virgule et donc mise en apposition.

   Martine Laroche, **que tu connais d'ailleurs,** a réussi sa maîtrise.

4 ▶ Les phénomènes de reprises lexicales

Pour qu'un texte soit perçu comme bien formé, il ne suffit pas qu'il se compose de phrases grammaticalement correctes. Celles-ci doivent s'enchaîner logiquement et respecter certaines règles de cohérence et de progression, entre autres celle qui consiste à rattacher ce qui précède à ce qui suit. Il faut le faire le plus habilement possible sans nuire à la clarté du message et en évitant les répétitions. À cet effet, le scripteur dispose de différents procédés : la **pronominalisation,** les **substituts lexicaux** et la **nominalisation.**

4.1 La pronominalisation

La pronominalisation est un procédé qui consiste à remplacer un substantif, une phrase partielle ou complète et même tout un paragraphe par un pronom *(ce, ceci, cela, celui-ci, ce dernier, il, elle...)*. Très utile à l'écrit, ce procédé permet d'éviter les répétitions et les phrases trop longues.

   Ayant vécu son enfance dans un pays anglophone, Pierre a appris l'anglais en même temps que le français et l'italien. **Il** a su utiliser ses connaissances linguistiques au profit d'une profession.
   [**il,** pronom personnel, remplace **Pierre.**]

   Ce vieil homme, cette vieille femme, reconnaissons-nous en eux. Il **le** faut si nous voulons assurer dans sa totalité notre condition humaine. (SIMONE DE BEAUVOIR, *La Vieillesse.*)
   [**le,** pronom personnel, reprend le contenu de la phrase précédente : **nous reconnaître en eux.**]

   Elle était économe, mais son mari **l'**était davantage.
   [**l',** pronom personnel, reprend l'adjectif **économe.**]

Rouge de honte, le jeune écolier était resté assis penaud au fond de la classe, regardant du coin de l'œil son jeune maître. **Celui-ci,** dissimulant mal sa nervosité, se dirigea vers le tableau noir. [**celui-ci,** pronom démonstratif, remplace **jeune maître.**]

Sa fossette au menton la faisait ressembler à la sœur aînée qu'elle n'avait jamais connue. **Cette dernière** était décédée à 10 ans d'une bronchite mal soignée.
[**cette dernière** fait référence à **sœur.**]

4.2 Les substituts lexicaux

Dresser un portrait nécessite qu'on ait recours à des expressions riches et imagées de manière à éviter de répéter le nom, le titre ou une caractéristique de la personne dont il est question. Au moyen de synonymes ou d'expressions synonymiques, on reprend l'information qui précède.

Pierre Val, enseignant depuis 20 ans, est bien apprécié de ses élèves. **Cet excellent professeur** a toujours su répondre à leurs besoins.

Robert Charlebois jouit toujours d'une excellente réputation. **Ce grand nom de la chanson québécoise** est venu dernièrement à Toronto pour la fête de la Saint-Jean.

Mon voisin, qui a passé huit ans en Europe, parle allemand, espagnol et italien. **Ce polyglotte** a mis à profit ses talents linguistiques. Il est maintenant interprète à l'ONU.
[**Ce polyglotte** rappelle la caractéristique décrite dans la phrase précédente.]

4.3 La nominalisation

Pour traiter des qualités ou défauts d'un individu, on a souvent recours à la **nominalisation de l'adjectif** à l'aide des suffixes suivants :

–**té, –eté, –ité** : libre – liberté / lâche – lâcheté / généreux – générosité

–**eur** : lourd – lourdeur

–**esse** : tendre – tendresse

–**ise** : bête – bêtise

–**erie** : étourdi – étourderie

–**ence** : violent – violence / insolent – insolence

Il est très **intelligent** et c'est sa grande **intelligence** qui lui a valu une promotion.

Elle a toujours été **gentille** avec moi. **La gentillesse** est probablement sa plus grande qualité.

Rappelons que la nominalisation est une opération qui consiste à utiliser un groupe nominal plutôt que le verbe, l'adjectif ou l'adverbe correspondant. (Pour la nominalisation verbale, *cf. **Lire la presse,*** p. 13.)

En somme, la nominalisation, les substituts lexicaux et la mise en apposition facilitent considérablement la concision, la cohérence et la progression d'un texte. Ces procédés sont souvent utilisés à l'écrit. Pensez-y !

EXERCICES

1. **Relevez dans le texte suivant :**

   a) **des exemples de substituts lexicaux qualifiant Jean Renoir**

   b) **2 mises en apposition caractérisant Renoir (à quoi reconnaissez-vous qu'il s'agit d'appositions ?)**

   c) **2 propositions relatives descriptives**

> Cinéaste authentiquement français, Jean Renoir s'est exilé aux États-Unis. Il est mort dans sa villa de Beverly Hills le 12 février 1979. Il avait 84 ans.
>
> Mais sa patrie, a-t-il toujours dit, c'est le cinéma : « Je suis un citoyen du cinématographe. » Son œuvre, qui s'étend sur plus de 45 années, est d'une grande diversité,
> 5 ouverte aux influences de l'époque, tout en restant profondément marquée par la personnalité de Renoir : son enthousiasme, sa sincérité, son regard malicieux et son goût de la vie.
>
> L'aptitude innée du grand homme pour la volupté et le bonheur est contrecarrée par un pessimisme et une propension à la révolte devant l'injustice sociale. On est allé jusqu'à
> 10 dire de ce cinéaste épicurien et moraliste qu'il était le « Montaigne du cinéma français ».
>
> Plus jeune, Renoir a travaillé comme céramiste, à l'exemple de son père. Comme lui, il ne croira toute sa vie qu'aux métiers où la main joue un rôle et se méfiera des intellectuels, qui « ne savent ni voir, ni écouter, ni toucher ». D'ailleurs, selon lui, le cinéma, comme toute expression artistique, est avant tout artisanat : « l'art, c'est "le
> 15 faire", a-t-il déclaré. Faites des films ou bien du jardinage. Ce sont des arts au même titre qu'un poème de Verlaine ou un tableau de Delacroix. »
>
> D'après une dépêche de l'AFP parue dans *L'Express de Toronto,* 26 févr. – 6 mars 1989.

2. *a*) **Relevez dans le texte suivant des exemples de substituts lexicaux qualifiant Paul Touvier :**

b) **Soulignez également les propositions relatives. Sont-elles descriptives ou déterminatives ?**

> *Paul Touvier, ancien milicien français pendant la Seconde Guerre mondiale, a été le premier Français à être inculpé pour complicité de crime contre l'humanité. Son procès s'est déroulé en mars-avril 1994.*

CE FANTÔME QUI RÉVEILLE UNE MÉMOIRE COLLECTIVE DÉFAILLANTE

5   Alors, c'est lui, ce vieillard cassé au visage hermétique, qui fait se rouvrir les pages les moins glorieuses de notre histoire contemporaine ! C'est ce fantôme qui s'assoit dans sa cage de verre, sans un regard pour ses accusateurs et le public, qui le dévisagent dans un silence pesant, comme s'ils pouvaient lire sur ses traits figés l'explication à tant de crimes et de douleurs et enfin comprendre l'incompréhensible ! C'est ce septuagénaire

10   malade, insignifiant, presque pitoyable, qui vient réveiller une mémoire collective souvent défaillante, parfois complaisante ! [...]

Paul Touvier y répond d'un seul crime : l'assassinat, le 29 juin 1944, à Rillieux-la-Pape, dans la banlieue lyonnaise, de sept Juifs exécutés pour venger le ministre de la Propagande, Philippe Henriot, abattu la veille à Paris.

MICHEL GONOD, *Paris Match*, mars 1994.

3. Replacez les substituts lexicaux d'après le contexte. Ajoutez les articles si nécessaire.

vieillard – vieux parents – cadavres ambulants – retraité – vieilles gens – aïeul – laissé pour compte – vieillesse – vieux père

[...] la vieillesse apparaît comme une disgrâce : même chez les gens qu'on estime bien conservés, la déchéance physique qu'elle entraîne saute aux yeux. [...] Les Indiens Nambikwara, rapporte Lévi-Strauss, n'ont qu'un mot pour dire « jeune et beau » et un pour dire « vieux et laid ». Devant l'image que (1) _____ nous proposent

5   de notre avenir, nous demeurons incrédules ; une voix en nous murmure absurdement que ça n'arrivera pas : ce ne sera plus nous quand ça arrivera. Avant qu'elle ne fonde sur nous (2) _____ est une chose qui ne concerne que les autres. Ainsi peut-on comprendre que la société réussisse à nous détourner de voir les vieilles gens nos semblables.

10   [...] (3) _____ incapable de subvenir à ses besoins représente toujours une charge. Mais dans les communautés où règne une certaine égalité — à l'intérieur d'une certaine communauté rurale, chez certains peuples primitifs — l'homme mûr, tout en ne voulant pas le savoir, sait cependant que sa condition sera celle qu'il assigne au vieillard. C'est le sens du conte de Grimm, dont on retrouve des versions dans toutes les

15   campagnes. Un paysan fait manger son (4) _____ à l'écart de la famille, dans une petite auge des bois ; il surprend son fils en train d'assembler des planchettes : « C'est pour toi quand tu seras vieux », dit l'enfant. Du coup, (5) _____ retrouve sa place à la table commune. [...] L'urgence des besoins oblige certains primitifs à tuer leurs (6) _____, quitte à subir plus tard le même sort.

20   [...] Les loisirs n'ouvrent pas au (7) _____ des possibilités neuves ; au moment où il est affranchi des contraintes, on ôte à l'individu les moyens d'utiliser sa liberté. Il est condamné à végéter dans la solitude et l'ennui, pur déchet. Que pendant les quinze ou vingt dernières années de sa vie un homme ne soit plus qu'un (8)_____ , cela manifeste l'échec de notre civilisation : cette évidence nous

25   prendrait à la gorge si nous considérions les vieillards comme des hommes, ayant une vie d'homme derrière eux, et non comme des (9) _____ .

SIMONE DE BEAUVOIR, *La Vieillesse,* introd., 1970.

4. Rédigez de petits paragraphes dans lesquels les groupes nominaux suivants seront mis en apposition :

1. vieil ami de longue date   3. vétéran de la Seconde Guerre

2. artiste de talent   4. monument de la littérature québécoise

5. Complétez les phrases suivantes en procédant à une nominalisation.

1. Il n'est pas ponctuel. Son manque de _____ lui a causé bien des ennuis au travail.

2. Il est excentrique. Grâce à son _____ , il a su s'imposer dans le monde des arts.

3. Elle est apte à comprendre les situations délicates. Cette _____ est appréciée de ses collègues.

4. Il a la réputation d'être étourdi et maladroit. À cause de son _____ et de sa _____ , on ne le prend pas au sérieux.

5. Il vaut mieux être franc et dire la vérité à ta mère. Elle appréciera certainement ta _____.

6. Il était d'une telle _____ que tout le monde disait de lui qu'il était paresseux comme une couleuvre.

6. Soulignez puis corrigez les fautes et maladresses du texte ci-dessous. Il comprend notamment : 2 structures comparatives erronées, 3 erreurs syntaxiques portant sur la mise en apposition, 2 erreurs de majuscules, 2 mauvais accords, une faute de pronom relatif, une erreur de préposition...

Martin est un vieux ami. D'origine Européenne, sa culture est vraiment différente que la mienne. Côté physique, on le remarque tout de suite : il est un grand blond avec des yeux verts clairs et de longs cheveux frisé. Sa voix est douce comme son caractère et son sourire énigmatique lui donne un certain charme. Il est aussi généreux. J'aime cette qualité de lui. Travailleur et dynamique, son enthousiasme me fascine. La musique et les sports l'intéressent. Il a vraiment un esprit de curiosité. Voyager est sa passion. Connaissant tout des pays auquel j'aimerais visiter et communicant à merveille aussi bien en Français qu'en anglais, je l'envie. Il est vingt aujourd'hui.

PRODUCTION DE TEXTES

1. **Dressez le portrait de Paul tout en tenant compte des éléments d'information donnés dans le tableau suivant :**

> – originaire de la côte Ouest
>
> – 40 ans
>
> – détenteur d'un doctorat *honoris causa* de l'Université Sainte-Anne
>
> – début de carrière à la tête du département de virologie de...
>
> – polyglotte
>
> – yeux bleus
>
> – toujours tiré à quatre épingles
>
> – membre de nombreuses académies médicales
>
> – lit les classiques allemands
>
> – fumeur à la chaîne
>
> – articles sur des sujets variés
>
> – intérêt pour le sida
>
> – son objectif : trouver un remède pour guérir le sida
>
> – responsable aujourd'hui du département de la recherche et du développement des nouveaux médicaments du laboratoire de Research Circle

2. **À partir des données du tableau ci-dessous, vous tenterez de rédiger le portrait de Robert Charlebois ; utilisez quelques-unes des expressions suivantes :**

jeune talent – chanteur dit populaire – grand nom de la chanson québécoise – pionnier – vedette – parolier

> **Robert Charlebois**
>
> – famille aisée de quatre enfants
>
> – déjà doué pour le spectacle très jeune
>
> – sacré « découverte de l'année » par Radio-Canada à 21 ans
>
> – rompt avec la génération précédente de chansonniers à messages
>
> – adopte le joual dans ses textes, le rock pour sa musique et son rythme
>
> – look : coupe « afro » et blouson de cuir
>
> – devient le porte-parole de la nouvelle génération

3. Rédigez votre autoportrait.

4. Dressez le portrait d'une personnalité connue.

5. Dressez le portrait original et réfléchi :

a) de la vedette de votre choix

b) d'un adolescent typique

c) des membres de votre famille

d) de la femme de l'an 2200

e) du Canadien ou de l'Américain moyen

f) du (de la) professeur(e) qui vous a le plus marqué(e)

Pensez à utiliser des adjectifs ou des groupes nominaux mis en apposition pour alléger vos descriptions. Veillez à ne pas abuser des clichés.

FICHE DE LECTURE

Les étudiants compléteront cette fiche de lecture à partir d'un portrait journalistique de leur choix.

Rubrique :

Titre :

Nom du magazine ou quotidien :

Explication du titre (si pertinent) :

Traits de caractère et particularités physiques de la personne en question :

Mots-clés :

EN LITTÉRATURE, ET PLUS particulièrement dans les romans dits « traditionnels », l'auteur a recours à la description pour évoquer l'espace dans lequel évoluent les personnages. Cet espace romanesque étant étroitement lié au caractère, à l'état d'âme ou au destin des personnages, sa description devient souvent prétexte à quelques élans poétiques où se mêlent comparaisons et métaphores.

LES DÉPLIANTS OU BROCHURES **touristiques** ont pour fonction de présenter une ville, une région ou un pays de la manière la plus attrayante possible tout en donnant un maximum d'informations d'ordre historique, géographique, économique mais aussi pratique. Ces documents sont généralement plus objectifs que les textes journalistiques et restent essentiellement informatifs.

décrire

ÉVOQUER – CARACTÉRISER

DANS LA PRESSE, les rubriques intitulées *Excursions, Aventure, Ville, Nature, Destinations...* ont pour objectif de faire découvrir aux lecteurs de nouveaux horizons. Dans sa description, le journaliste évoque non seulement le paysage et les sites touristiques, mais aussi l'économie, la situation politique et les us et coutumes du lieu en question. Son lexique, généralement très imagé, choisi avec précision, reflète son point de vue et est imprégné de sa subjectivité.

DÉMARCHE

Décrire un lieu en exposant avec précision son charme ou, au contraire, son manque d'attraits, requiert non seulement un vocabulaire assez riche, mais aussi une certaine imagination. Vous ne vous sentez peut-être pas l'âme d'un poète, mais vous constaterez rapidement qu'il est facile de se laisser prendre au jeu.

Avant de commencer la rédaction de votre texte, posez-vous les questions suivantes :

☞ **Quel type de texte produire ?** Un texte à caractère littéraire, journalistique ou touristique ?

☞ **Comment et où situer le lieu à décrire ?** Une plage d'une île du Pacifique, la plus haute chaîne de montagnes d'un pays, une ville dans sa province...

☞ **Quelles seront les composantes de la description ?** Les monuments, la population, les ressources, les paysages...

☞ **Quel point de vue ou mouvement de description adopter ?** Du haut vers le bas, de gauche à droite, vu d'avion... ?

☞ **Quel vocabulaire retenir**
   – pour traduire la gamme d'impressions produites par les couleurs, l'ambiance, les formes... ?
   – pour présenter les caractéristiques touristiques, commerciales et autres ?
   – pour présenter les caractéristiques du site (paysage, économie, population...) ?

☞ **Quelles métaphores et comparaisons choisir pour enrichir votre texte ?**

☞ **Quels sont les aspects syntaxiques et stylistiques pertinents pour le type de texte choisi** (mise en apposition, voix passive...) ?

⚠ N. B. N'oubliez pas de vous relire attentivement !

RÉSEAUX LEXICAUX DE LA DESCRIPTION DE LIEU

1 ▶ Les aspects physiques et géographiques

Au coucher du soleil, je me trouvais au **faîte** d'une **crête** de rochers ; c'était la dernière des Alpes. À mes pieds **s'étendait** la Vénétie, immense, éblouissante de lumière et d'étendue. J'étais sorti de la montagne, mais vers quel point de ma direction ? Entre la plaine et **le pic** d'où je la contemplais s'étendait un beau **vallon** ovale, appuyé d'un côté au **flanc** des Alpes, de l'autre élevé en terrasse au-dessus de la plaine et protégé contre les vents de la mer par un **rempart** de collines fertiles. Directement au-dessus de moi, un village était semé en pente dans un désordre pittoresque.

GEORGE SAND, *Lettres d'un voyageur.*

1.1 Différents types de paysages

Vous ne savez pas par où commencer ? Consultez les listes d'expressions ci-dessous que vous compléterez au gré de vos lectures.

Le bord de mer

- une côte découpée / accidentée / déchiquetée...
- une côte aux superbes paysages méditerranéens...
- des falaises de calcaire bordées de précipices...
- de longues étendues sablonneuses / de sable fin...
- un paysage côtier...
- un village portuaire...
- un port de pêche...

La montagne

- des montagnes puissantes / massives / imposantes...
- des torrents qui dévalent le flanc de la montagne...
- des routes tortueuses / sinueuses / serpentées...
- une vallée / un vallon encaissé(e)...
- des stations de ski...
- le faîte / la crête / le sommet...
- un (arrière-)pays montagneux...
- un paysage volcanique...

La plaine

- des champs colorés qui s'étendent à perte de vue...
- un paysage parsemé de fermes...
- des routes rectilignes (droites)...
- un sol pierreux...
- un canal bordé de peupliers...
- une campagne silencieuse...

La ville

- des rues transversales (adjacentes) désertes en pleine après-midi...
- un marché couvert aux arômes irrésistibles...
- des immeubles aux façades modernes...
- des rues étroites qui grouillent de monde...
- un quartier riche/pauvre...
- une ville souterraine...
- une ville hospitalière...

⚠ N. B. Les villes sont généralement au féminin.

1.2 Choisir le bon verbe pour présenter avec plus d'élégance les aspects physiques et géographiques du lieu à décrire :

QUELQUES VERBES	EXEMPLES
arroser	La Seine **arrose** Paris.
baigner	Un fleuve **baigne** la ville.
compter	L'île **compte** actuellement 140 000 habitants.
se dresser	Le minaret **se dresse** au-dessus de la mosquée.
enjamber	Un pont **enjambe** la rivière / le fleuve / le bras de mer...
s'étaler / s'étendre / s'étirer	La ville **s'étale / s'étend / s'étire** sur des kilomètres d'autoroute.
noyer	Le brouillard **noie** toute la basse ville.
serpenter	La rivière **serpente** dans le fond de la vallée.
(re)couvrir	La forêt tropicale **recouvre** le tiers du territoire.

2 ▶ Ressources et activités économiques

L'économie de l'île **repose** en grande partie **sur l'agriculture,** dépassée pour la première fois l'an dernier par **le tourisme.** Paradoxalement, **la pêche** est restée **artisanale :** on étend des filets à bord de gommiers non pontés, taillés à même des troncs d'arbres. Le port de Castries, la capitale, n'abrite pas un seul bateau de pêche. En revanche, il y a toujours deux ou trois paquebots amarrés devant la ville.

Au cours de leur brève escale les **visiteurs** parcourent les rues adjacentes au **marché,** le plus vieux des Antilles, dit-on. D'autres font des achats hors taxes dans les **boutiques** de la Pointe Séraphine à deux pas de l'aéroport de Vigie. Certains sautent dans un autocar nolisé pour aller visiter les **ateliers de batik** de Bagshaw, avant d'entreprendre la difficile ascension du morne Fortune. Du belvédère, à deux pas de la maison du gouverneur, on peut admirer la rade et la ville, à l'avant-plan, et la côte fort découpée, bordée d'un long ruban de sable. Au nord : la silhouette de la Martinique, à 34 km seulement.

ROBERT CHOQUETTE, « L'île parfumée des Antilles », *L'actualité,* 1ᵉʳ oct. 1992.

QUELQUES SUBSTANTIFS	EXEMPLES
Le tourisme **le site touristique** **le lieu de séjour** **la station balnéaire** **les plaisirs balnéaires (m.)** **l'excursion (f.)** **le parc de loisirs**	Antalya (Turquie) est un agréable **lieu de séjour.** Outre **les plaisirs balnéaires** [relatifs aux bains de mer], cette région offre une grande variété d'**excursions.**
Le commerce **l'agriculture (f.)** **l'artisanat (m.)** **la pêche** **l'industrie (f.)** **le rayonnement** **l'apogée (m.)** **la prospérité** **l'essor (m.)** **la chute** **la crise économique**	**L'essor** de l'activité économique du pays est fondé sur **l'agriculture** et **l'artisanat** urbain. **Le rayonnement (l'apogée)** de cette cité se situe au début du siècle. Ce pays connaît actuellement une **prospérité** sans pareille.

QUELQUES VERBES	EXEMPLES
offrir	Sainte-Lucie **offre** une savoureuse combinaison de tous les ingrédients qui garantissent des vacances réussies.
être riche en	Le Canada **est riche en** matières premières.
posséder	
disposer de	Le Japon **dispose** / **est doté** d'une technologie performante.
être doté de	
comprendre /	
être composé de	
reposer sur	L'économie de la région **repose sur** l'agriculture.
vivre de	La population locale **vit de** la pêche et du commerce.
se caractériser par	

⚠ N. B. Ayez recours le plus souvent possible aux verbes ci-dessus pour éviter les tournures du type : « Dans cette ville, il y a / on trouve... ».

3 ▶ La population

Qui sont les « gens » du lieu en question ? Plutôt que de toujours utiliser le mot *gens,* trop vague, ayez recours à l'un des termes suivants :

- – la population locale, les habitants
- – les citadins, les villageois, la population rurale
- – les Torontois, les Londoniens, les Parisiens, les Montréalais...
- – les citoyens suisses, belges... (pas de majuscule : ce sont des adjectifs !)
- – les Turcs, les Brésiliens, les Acadiens... (majuscule : ce sont des noms !)
- – les hôteliers, les restaurateurs,   les commerçants, les agriculteurs...
- – les touristes, les visiteurs,   les vacanciers, les campeurs...

PROCÉDÉS STYLISTIQUES

1 ▶ La comparaison

La comparaison consiste à rapprocher deux éléments (le comparé et le comparant) en établissant un rapport de ressemblance par des moyens syntaxiques et lexicaux tels que *comme, semblable à,* etc. (*Cf. La comparaison,* p. 165-179.)

> La montagne était constituée d'un gigantesque cône de pierre grise **comme du plomb,** et elle était entourée d'un plateau interminable et aride, où ne poussaient que des mousses grises et des buissons gris, d'où émergeaient ici et là des pointes de rochers bruns **comme des dents gâtées,** et quelques arbres calcinés par les incendies.
>
> PATRICK SÜSKIND, *Le Parfum.*

2 ▶ La métaphore

La métaphore consiste à établir une analogie entre deux éléments en substituant à l'expression à laquelle on s'attend une autre **expression plus imagée.** Elle établit une relation d'identité entre le comparé et le comparant. La métaphore n'a pas recours aux éléments lexicaux et syntaxiques de la comparaison. Elle porte sur le nom, l'adjectif ou le verbe.

> [En octobre, la neige] n'est qu'une **poudre blanche,** toute fine et légère comme un souffle d'ange. Le vent la fait **valser** sur les plaines noircies par le gel, la rejette dans les airs où elle **voltige** un temps pour revenir sur terre, reprendre cette **valse aux longues figures élégantes.**
>
> [...] Une antenne pour l'émetteur de radio se dressait trente mètres dans les airs, **mince obélisque** d'acier.
>
> YVES THÉRIAULT, *Agaguk.*

Les baigneurs aiment **lézarder** [paresser au soleil] sur la plage.

Trait d'union entre l'Orient et l'Occident, Istanbul attire bien des visiteurs.

D'où venait cette croyance, **enracinée** dans le village depuis des siècles ?

Fréquentes en poésie et en littérature, la comparaison et la métaphore sont des procédés très utilisés également dans la presse et la publicité. Elles créent de nouveaux rapports entre les choses et les êtres et éveillent les sens et l'imagination du lecteur. Leur force réside dans l'**effet de surprise** qu'elles suscitent.

3 ▶ Le passé simple pour évoquer l'historique du lieu

Contrairement à ce que l'on pourrait penser, le passé simple n'est pas en voie de disparition en français. Il est surtout réservé à la **langue littéraire** et au **récit historique.**

En opposition avec le passé composé qui entretient des rapports très étroits avec le moment d'énonciation (le moment où l'on s'exprime), le passé simple permet de raconter un **événement en rupture avec le présent.** On le retrouve donc fréquemment lors de l'évocation de l'**historique d'un lieu.** Les brochures touristiques, en particulier, y ont fréquemment recours.

> À l'entrée du port de New York se dresse la statue de la Liberté éclairant le monde. C'est en 1865 que **naquit** en France l'idée d'offrir au peuple américain une statue commémorant l'alliance de la France et des États-Unis pendant la guerre d'indépendance.

> Ribeauvillé, l'une des plus belles villes d'Alsace, est une vieille cité historique où **régnèrent** au Moyen Âge les très puissants seigneurs de Ribeaupierre dont les trois châteaux en ruines dominent la cité. Au détour de ses rues étroites, on découvre des fontaines Renaissance, des tours du XIIIe siècle et d'anciennes fortifications.
> L'animation y fut grande autrefois, et pour renouer avec le passé on y fête, le premier dimanche de septembre, les ménétriers [violonistes] et leur patronne, Notre Dame de Dusenbach.

PARTICULARITÉS SYNTAXIQUES

Kingston

Située à la naissance du Saint-Laurent, la ville joua au cours de son histoire, un double rôle de centre commercial et stratégique. En 1613, s'y établit un comptoir **de** traite **des** fourrures, appelé Fort Cataraqui ou Fort Frontenac. Abandonnée à la chute de la Nouvelle-France, la région fut <u>recolonisée</u> plus tard <u>par</u> les Loyalistes qui donnèrent à la communauté son nom actuel. [...]

(voix passive)   *(caractérisation au moyen de prépositions)*

La ville, **aux** rues <u>bordées d'arbres</u>, est semée de bâtiments publics construits dans le grès local [tel] l'hôtel **de** ville sur le port, qui <u>fut</u> initialement <u>construit</u> pour abriter le Parlement canadien avant que la reine Victoria ne choisisse Ottawa pour capitale.

Guide de tourisme Michelin, Canada

1 ▶ La voix passive

On le sait, il est recommandé d'éviter en français les structures passives, souvent considérées comme trop lourdes. Les textes descriptifs semblent cependant faire exception à la règle : le passif y est fréquemment utilisé, qu'il s'agisse de rappels historiques, de précisions géographiques ou encore de tableaux pittoresques.

À la **voix passive,** les participes passés sont suivis de la préposition *par* ou *de* qui introduit alors le complément d'agent.

▷ *par*

On utilise *par* lorsque le complément d'agent est le responsable de **l'action** :

> **Créée par** Colbert pour accueillir les vaisseaux de la célèbre Compagnie des Indes, la ville de Lorient prit au XVIIIe siècle un essor important. [= Colbert a créé la Compagnie des Indes.]
>
> **Transformée** en port militaire **par** Napoléon, Lorient est restée un centre extrêmement actif. [Napoléon a transformé Lorient en port militaire.]

▷ *de*

On utilise généralement *de*

✓ lorsqu'il est fait référence à **la situation** de l'objet dans l'espace :

> La vieille ville est **entourée de** remparts.
>
> La péniche s'avançait lentement sur le canal **bordé de** peupliers.

Il arrive parfois que l'on ait ici recours à la préposition *par* pour des effets de style, tels que la personnification :

> Une île entourée **d'**eau – Une île encerclée **par** la mer
>
> Une ville entourée **de** remparts – Un vallon protégé **par** un rempart de collines

✓ lorsque le complément fait référence à **la constitution,** au **contenu** ou à l'**état** de l'objet :

> Ce château qui se dresse sur la colline, est **composé de** quatre tours et **d'**un donjon.
>
> Cette nuit-là, le ciel était **parsemé d'**étoiles.

✓ pour marquer le **résultat d'une action.** *De* a alors le sens de *avec* :

> À Noël, la rue principale est décorée **de** milliers d'ampoules électriques. [= À Noël, on décore la rue **de (avec des)** milliers d'ampoules électriques.]

2 ▶ Caractériser à l'aide des prépositions *à* et *de*

▷ *à*

La préposition *à* s'emploie pour caractériser un objet, un lieu ou une personne et **a le sens de avec :**

Cette région **aux** magnifiques plages regorge de sites antiques.

Les Norvégiens sont-ils tous de grands blonds **aux** yeux bleus ? (*Cf. Le portrait,* p. 25)

Un parc **aux** arbres centenaires.

▷ *de*

La préposition *de* introduit un complément exprimant

✓ la **provenance** :

Le grès **des** Vosges [= que l'on trouve dans les Vosges]

La porcelaine **de** Chine

✓ la **nature** :

Cette petite ville **de** province accueille le festival **du** film chaque année.

Un sentier **de** montagne bordé de vieux noisetiers.

Chaque fin de semaine, les citadins se dirigent vers leur maison **de** campagne.

✓ la **composition** / les **dimensions** :

Une tour **de** 40 mètres de haut

Un village **de** deux cents habitants

Une demeure **de** deux étages

⚠ N. B. On utilise *de* + **adjectif au <u>masculin</u>** pour qualifier les pronoms *quelqu'un, quelque chose, personne* et *rien :*

Quelque chose **d'intéress<u>ant</u>,** quelqu'un **de sensation<u>nel</u>...**

EXERCICES

1. **Vous trouverez dans les pages suivantes trois textes descriptifs.**

   a) **Lisez-les attentivement puis tentez de retrouver des éléments que vous pourriez réutiliser pour décrire une île, une ville ou un paysage de montagne.**

   b) **Relevez également les comparaisons et les métaphores.**

Texte 1 : texte journalistique
L'île parfumée des Antilles

À Sainte-Lucie, l'exotisme a peu à voir avec les plages et le rhum punch. On n'y mise pas sur le tourisme de masse.

Sainte-Lucie offre une savoureuse combinaison de tous les ingrédients qui garan-
5 tissent des vacances réussies. La tranquillité en prime : on ne mise pas encore ici sur le tourisme de masse.

Quand l'avion sort des nuages, on aperçoit les fameux pains de sucre dressés à plus de 800 m au-dessus de la mer. S'ils trahissent l'origine volcanique de l'île de Sainte-Lucie, les pitons sont incontestablement les formations naturelles les plus spectaculaires
10 des Petites Antilles.

De l'aéroport Hewanorra, à l'extrémité sud de l'île, à Rodney Bay, tout au nord, où se trouvent la plupart des hôtels de l'île, la route s'étire sur environ 65 km : une affaire de deux heures.

Sinueuse et pleine de nids-de-poule, elle est adossée à la falaise recouverte de
15 fougères à gauche et bordée de précipices à droite. À la radio, on chante l'Évangile sur des airs de calypso. La médaille de Saint-Christophe est bien en évidence sur la console : on est en sécurité, semble-t-il.

Après avoir quitté la côte est, exposée au souffle de l'alizé, la route tourne vers l'ouest et traverse l'île en suivant, une fois le col de la Barre de l'Isle franchi, la rivière
20 Cul de Sac. La vallée est occupée par une série de fermes et de petites entreprises. Le voyage se poursuit en contournant les trous et en esquivant poules et chèvres qui traversent la route à tout moment.

À plusieurs reprises le chauffeur immobilise son véhicule au beau milieu de la chaussée et interpelle parents et amis en français, mais avec un accent britannique. Bien
25 que l'anglais soit la langue officielle, tous parlent créole entre eux.

Sainte-Lucie partage avec plusieurs autres communautés des Antilles, martiniquaise, guadeloupéenne et haïtienne notamment, cette forme de bilinguisme. L'île a changé 14 fois de mains en 150 ans d'hostilités entre Français et Britanniques, et fut cédée à ces derniers en 1814. État indépendant depuis 1979, elle compte 140 000 habitants.
30 Les plantations de bananiers et de cocotiers occupent presque tout l'espace cultivable et chaque chaumière est entourée d'un potager et d'arbres fruitiers. Les poinsettias, immor-telles, bégonias et rhododendrons sont omniprésents, tout comme ces innombrables espèces de fleurs tropicales : frangipanier, oiseau du paradis, hibiscus, flamboyant, bougainvillée.

ROBERT CHOQUETTE, L'actualité, 1er oct. 1992.

Texte 2 : texte littéraire descriptif

Connaissez-vous les petites routes rectilignes, inflexibles, qui sillonnent la Prairie canadienne et en font un immense quadrillage au-dessus duquel le ciel pensif a l'air de méditer depuis longtemps quelle pièce du jeu il déplacera, si jamais il se décide. On peut s'y perdre, on s'y perd souvent. Ce que j'avais devant moi, c'étaient, à la fois se rejoignant
5   et se quittant, étendues à plat dans les herbes comme les bras d'une croix démesurée, deux petites routes de terre absolument identiques, taciturnes, sans indication, taciturnes autant que le ciel, autant que la campagne silencieuse tout autour qui ne recueillait que le bruissement des herbes [...].

Donc, je continuai au hasard. Il le fallait bien au reste : à qui dans ce pays enseveli
10   demander notre route ? Depuis plus d'une heure nous n'y avions même pas vu, perdu dans l'éloignement, quelque toit de grange. Il n'y avait même pas l'électricité à travers cette contrée sauvage. [...]

Cette petite route prise au hasard depuis quelque temps paraissait monter, sans effort visible, par légères pentes très douces sans doute. Pourtant le moteur s'essoufflait un peu
15   et, comme si cela n'eût pas suffi à me l'indiquer, à l'air plus sec, plus enivrant, j'aurais reconnu que nous prenions de l'altitude, sensible comme je l'ai toujours été aux moindres variations atmosphériques. [...]

Alors comme nous nous élevions toujours, il me sembla voir, étirée contre le ciel, une lointaine chaîne de petites collines bleues, à moitié transparentes.
20   [...] les collines s'ouvrirent un peu : logé tout entier dans une crevasse parmi des sapins débiles, nous apparut un petit hameau se donnant l'air d'un village de montagne avec ses quatre ou cinq maisons agrippées à des niveaux divers au sol raboteux ; sur l'une d'elle brillait la plaque rouge de la Poste. À peine entrevu, le hameau nous était dérobé déjà, cependant que le chant de son ruisseau, quelque part dans les rocs, nous
25   poursuivit un moment encore. Maman avait eu le temps de saisir sur la plaque de la Poste le nom de l'endroit, un nom qui vint, je pense, se fixer comme une flèche dans son esprit.

— C'est Altamont, me dit-elle, rayonnante.

Gabrielle Roy, *La Route d'Altamont*, 1966.

Texte 3 : extrait de guide touristique

Mattawa, Ontario (2 450 hab.)

Située au confluent des rivières des Outaouais et Mattawa à 64 km à l'est de North Bay, la petite ville de Mattawa offre aux touristes avides d'aventure un grand nombre d'activités en plein air tout au long de l'année : ski de randonnée ou ski alpin en hiver,
5   canoë, golf ou pêche en été. Niché dans le creux des Hautes Laurentides, ce paradis des chasseurs de gibier comme des chasseurs d'images est particulièrement apprécié pour sa tranquillité et la beauté de ses couleurs d'automne.

Avant que l'industrie du bois ne devienne la principale activité économique de la région, Mattawa, dont le nom veut dire « rencontre des eaux » en ojibway, fut au
10   XVIIIᵉ siècle et dans la première partie du XIXᵉ un poste de traite des fourrures. Tous les ans, au mois d'août, cette petite communauté bilingue prend un air de fête pour commémorer les « voyageurs » et organiser un concours de violoneux et de danse carrée.

2. **Les deux textes suivants décrivent la ville de Grasse (sud de la France). À votre avis, de quelle source proviennent-ils ? littéraire ? journalistique ? touristique ? Comparez-les d'un point de vue lexical et stylistique.**

Texte 1

  À l'autre bout de ce grand bassin, peut-être à deux lieues de là, une ville se logeait, ou plutôt se collait au flanc de la montagne. Vue de loin, elle ne faisait pas une impression pompeuse. On n'y voyait pas de puissante cathédrale dominant les maisons, juste un petit clocher tronqué ; point de citadelle surplombant la ville, ni de bâtiments dont on remarquât la splendeur. [...]

  Cet endroit qui ne payait pas de mine et était en même temps plein d'assurance, c'était la ville de Grasse, depuis quelques dizaines d'années capitale incontestée de la fabrication et du commerce des parfums, de leurs ingrédients, des savons et des huiles. Giuseppe Baldini n'avait jamais prononcé son nom qu'avec exaltation et ravissement. Il disait que c'était la Rome des odeurs, la terre promise des parfumeurs : qui n'y avait pas fait ses classes n'aurait pas dû avoir droit au titre de parfumeur.

Texte 2

  Cette station climatique réputée est bâtie à flanc de montagne, au-dessus de Cannes. Dans un paysage ou se mêlent fleurs et orangers, Grasse est prédestinée à être la capitale française du parfum. En mai, on y célèbre la fête de la rose. En août, on défile dans les rues pour les fameuses Jasminades. La vieille ville de Grasse n'a pas changé depuis le XVIIe siècle.

3. **Complétez les espaces avec le substantif, le verbe, l'article, l'adjectif ou la préposition qui convient le mieux.**

1. Formée d'un massif montagneux au nord, de riches plaines au centre et de collines au sud, la Martinique est une île qui _____ par la variété de ses paysages. La population locale _____ de la pêche et du tourisme. L'aspect le plus remarquable de l'île est sans doute le littoral de la côte Ouest _____ de plages de sable fin.

2. L'Algérie _____ 2 200 000 km². Situé au centre du Maghreb, son _____ est intégré au Sahara. _____ en ressources minérales et énergétiques, son sous-sol _____, entre autres, _____ fer, _____ cuivre, _____ gaz et _____ pétrole.

3. Grâce à la pureté de son lac, Annecy et sa région _____ un nombre croissant de visiteurs. Ces derniers profitent de nombreux plaisirs nautiques _____ la baignade, la voile, la planche à voile et _____.

4. L'économie de cette ville _____ essentiellement sur le tourisme.

4. Plutôt que d'utiliser des termes vagues tels que *se trouver, avoir, il y a, on peut voir, les gens*, ayez recours à des expressions plus précises ou plus imagées. Les atouts ou les attraits des lieux suivants seront alors présentés avec plus d'élégance.

1. La Tamise *se trouve* à Londres.

_____

2. *Il y a* plus de deux millions d'habitants à Toronto.

_____

3. *On peut voir* à perte de vue d'immenses plaines.

_____

4. Le Mont-Saint-Michel *se trouve* en haut d'un îlot rocheux de forme conique.

_____

5. *Il y a* de nombreuses ressources naturelles au Canada.

_____

6. La mer Méditerranée *a* bien des attraits pour les touristes nordiques.

_____

7. *Il y a* des routes sinueuses dans les Alpes.

_____

8. Les habitants de cette contrée *ont* le tourisme et l'artisanat.

_____

9. *Il y a* toujours beaucoup de monde dans le bazar d'Istanbul.

_____

10. En ville, *les gens* ont toujours l'air stressés alors que *les gens de la campagne* sont beaucoup plus détendus.

_____

11. *Il y a* deux centres commerciaux dans cette ville.

_____

12. *Il y a* un petit pont de bois *au-dessus* du torrent.

_____

5. Les adjectifs fournis ci-après peuvent évoquer un lieu. Tentez de les réutiliser dans une phrase.

- menaçant
- blanc
- monotone
- aride
- léger

6. Réutilisez cinq des éléments suivants dans des métaphores ou des comparaisons afin d'évoquer les lieux de votre choix.

- ruban
- dents de scie
- manteau
- fourmilière
- four
- cracheur de feu
- miroir
- balle de golf
- guirlande
- mur

7. Transformez les phrases suivantes à la voix passive.

> Ex. : Une forêt équatoriale très dense recouvre la région.
>
> ↳ La région est recouverte d'une forêt équatoriale très dense.

1. Des châtaigners bordent les grandes avenues de la ville.

_____

2. Le Centre des arts a rénové la petite église gothique.

_____

3. De hautes montagnes entourent la ville.

_____

4. De belles sculptures agrémentent le musée.

_____

5. Un moine gallois fonda à la fin du VIᵉ siècle la ville de Saint-Brieuc.

_____

6. Les noms celtiques et latins jalonnent l'histoire de la Bretagne.

_____

7. Au cours des six premiers mois de l'année, 17 millions de personnes ont visité la ville.

_____

8. Les hôteliers de la région vous accueilleront chaleureusement.

_____

8. *Par* ou *de* ? **Utilisez la préposition qui convient.**

1. Le Pacifique est pollué _____ le DDT.

2. Ces sculptures, façonnées _____ le vent et le gel des glaciers, sont des merveilles.

3. Peuplée _____ vedettes dont les luxueuses villas ont complètement bouleversé le marché immobilier, Aspen compte 90 restaurants, 200 boutiques, 80 complexes hôteliers et 30 galeries d'art.

4. Les touristes sont séduits _____ la beauté des paysages.

5. L'île est recouverte _____ plantes exotiques.

6. On ne visite plus cette région depuis qu'elle a été dévastée _____ les combats.

9. Complétez les phrases suivantes par la préposition ou la locution prépositive qui convient.

1. Du haut de cet immeuble _____ quinze étages, on peut apercevoir la tour CN qui se dresse _____ la ville de Toronto.

2. Cette ville se situe _____ nord-est du pays, _____ environ 300 km _____ nord de la capitale.

3. Les touristes peuvent faire des promenades _____ bateau _____ le lac ou faire une excursion _____ train _____ les montagnes.

4. _____ _____ peu près vingt mètres _____ là s'étendait un parterre de fleurs très coloré.

5. Un grand centre commercial est situé _____ environ cinq minutes d'ici.

6. Ces petites boutiques ambulantes offrent toujours quelque chose _____ rafraîchissant _____ boire.

7. Les Territoires du Nord-Ouest sont dotés _____ une infrastructure moderne et efficace.

8. Terre-Neuve est une province _____ la beauté sauvage dont l'économie repose essentiellement _____ la pêche.

9. L'Algérie est un pays riche _____ ressources minérales.

10. La route serpente _____ environ dix kilomètres _____ les collines.

11. Ah ! Les spécialités françaises ! Les saucisses _____ Toulouse, le camembert _____ Normandie, le nougat _____ Montélimar (_____ pistaches et _____ amandes)...

10. Faites l'accord des participes passés.

1. La ville de Saint-Brieuc est _____ (perché) sur un promontoire.

2. _____ (creusé) par les eaux, _____ (brûlé) par les embruns, _____ (battu) par les vents, le cap Fréhel est un lieu particulièrement sauvage.

3. Saint-Quay, _____ (né) de la fusion de deux communes, est une station balnéaire bien _____ (équipé).

4. La Bretagne est une région à la beauté grave, aux paysages _____ (tourmenté), qui ont façonné l'âme de ses habitants, _____ (tissé) leur folklore et leurs traditions.

5. _____ (situé) à 22 km de Saint-Malo, les Îles anglo-normandes allient à l'agrément de leurs plages sablonneuses, _____ (réchauffé) par le Gulf Stream, le charme de sites sauvages encore préservés. Cet archipel au climat doux et à la végétation luxuriante est souvent _____ (fréquenté) par les touristes.

6. Pittoresques à souhait, ses rues tortueuses, _____ (bordé) de maisons artisanales, s'allongent nonchalamment au pied des coteaux _____ (planté) de vignes.

PRODUCTION DE TEXTES

1. Décrivez dans un court paragraphe l'un des sites suivants :

- votre ville
- la capitale de votre province
- un parc de loisirs
- les Rocheuses

2. Décrivez le pays, la ville ou l'île de votre choix à partir des critères suivants :

- la vie quotidienne, le mode de vie de la population
- l'aspect physique et géographique du lieu
- les valeurs, idées, religions...

3. Vous essayez de convaincre les futurs immigrants que votre pays a beaucoup plus à offrir que d'autres.

4. Faites l'historique de la ville de votre choix en utilisant le passé simple.

FICHE DE LECTURE

Les étudiants compléteront cette fiche de lecture à partir d'un article de leur choix.

Rubrique :

Titre :

Nom du magazine ou quotidien :

Explication du titre (si pertinent) :

Situer le lieu en question (province, pays, ville...) :

Intérêts touristiques du lieu :

Population :

Métaphores (si pertinent) :

Mots-clés :

5

Dans le roman

Le roman — genre narratif par excellence — mais aussi le récit, le conte, la nouvelle sont des genres littéraires qui proposent fréquemment des comptes rendus d'événements. Fictifs ou réels, ces derniers situent l'intrigue dans un cadre temporel et/ou spatial précis (époque, pays...). Les comptes rendus d'événements historiques contribuent par ailleurs à renforcer l'effet de réel, c'est-à-dire à rendre l'histoire plus réaliste. On remarquera que les textes littéraires tendent à privilégier le passé simple (niveau de langue plus soutenu) au passé composé.

r a c o n t e r

EXPRIMER LA CAUSE ET LA CONSÉQUENCE

Dans la presse

Raconter signifie rendre compte d'événements qui se sont passés à un moment donné. On retrouve donc des éléments narratifs dans la plupart des articles de presse, plus particulièrement dans le compte rendu d'événement, le fait divers et l'article d'information. Le journaliste expose les circonstances dans lesquelles ont eu lieu les faits, leurs origines et leurs conséquences passées et présentes.

QUESTIONS SUR UN ÉVÉNEMENT

Qui ? Fait quoi ? À qui ? Où ? Quand ? Avec quelles conséquences ? Pourquoi ? Telles sont les principales questions que l'on se pose avant de rédiger un compte rendu d'événement. Bien entendu, chaque question n'apporte pas qu'une seule réponse : un événement pourra par exemple mettre en scène plusieurs personnages et avoir des causes et conséquences diverses.

1 ▶ Activité

Vérifiez votre compréhension de l'article suivant en tentant de répondre aux questions ci-dessus. Rédigez ensuite un petit résumé d'une dizaine de lignes que vous comparerez avec celui qui vous est proposé à la page 66.

La malédiction des hémophiles

Ils commençaient à peine à pouvoir vivre comme tout le monde, grâce à des dérivés de sang. Le sida est venu tout bousiller.

En 10 ans, près de la moitié des 500 hémophiles du Québec sont devenus porteurs
5   du virus du sida. Une vingtaine sont morts.

Guy-Henri Godin, ex-président de la Société de l'hémophilie du Québec, parle d'une catastrophe sans précédent dans l'histoire médicale : « Une vraie saloperie du hasard et de la nécessité. Pour les hémophiles, la plus petite coupure, la moindre contusion était déjà une source immense de douleur et d'angoisse, nécessitant d'importantes
10   transfusions. Subitement, avec le sida, le sang si précieux est devenu potentiellement plus dangereux que la maladie. »

L'hémophilie est un trouble héréditaire de la coagulation du sang qui affecte surtout les hommes. Pas besoin d'une blessure profonde : les pires problèmes sont causés par des hémorragies internes, parfois difficiles à détecter. Depuis la fin des années 70, les
15   hémophiles peuvent mener une vie presque normale grâce à des concentrés de facteur de coagulation qu'ils s'injectent eux-mêmes. Dominique Brisson, 34 ans, vice-président de la Société, a vécu cette véritable révolution : « Mes 20 premières années, je les ai vécues plus souvent à l'hôpital qu'à la maison. L'autotraitement m'a permis de travailler et de vivre comme tout le monde. C'était un peu comme sortir de prison. »
20   Mais le soulagement n'a duré que quelques années. Les concentrés de coagulation sont extraits de milliers de litres de plasma. À chaque injection, l'hémophile entre donc en contact avec un millier de donneurs en moyenne ! « L'hémophile très sévère, lui, reçoit des dons de dizaines de milliers de personnes par jour », dit Alain Masson, directeur des laboratoires au service transfusionnel de la Croix-Rouge canadienne.
25   À ce rythme, le virus du sida s'est propagé en quelques mois. « Le test des dons de sang n'est devenu obligatoire qu'à l'été de 1985 », explique Christiane Jacques, directrice de la société qui s'occupe des hémophiles. « Pourtant, l'Organisation mondiale de la santé et d'autres institutions ont sonné l'alarme à la toute fin de 1983. »

« Le scandale est là. Le système de santé canadien a mis beaucoup trop de temps à
réagir. Cette négligence a fait que nos membres ont été massivement touchés, comme
beaucoup d'autres à travers le monde. Aux États-Unis, on parle même d'un taux de
séropositivité frisant les 80 %. »

De petites entreprises offrent d'ailleurs aux Américains de congeler leur propre
sang, au cas où... Une vingtaine de compagnies sont apparues depuis cinq ans.

Pour une dizaine de dollars par mois par chopine de sang entreposée, frais
d'expédition en sus, elles garantissent la livraison dans les six heures, n'importe où aux
États-Unis. L'année dernière seulement, le nombre d'unités stockées a doublé, passant à
700 000 chopines.

À Montréal, par contre, le Système autologue, une banque de sang privée mise sur
pied au début de 1989, n'a survécu que quelques mois. « On n'a pas la même culture
médicale que les Américains, dit Alain Masson. Les gens nous font confiance et ils ont
raison. Et puis, la transmission du sida à la suite d'une transfusion c'était un problème du
début des années 1980. Maintenant on contrôle très bien nos sources d'approvisionnement
et les chances de contamination sont nulles. »

Maigre consolation pour ceux qui subissent déjà les multiples conséquences du
sida. Le taux de divorce des Québécois hémophiles, qui était presque nul avant 1985, est
maintenant trois fois plus important que celui des autres Canadiens.

Sans compter l'absentéisme au travail, la perte de revenus, le stress et la dépression
associés à la menace constante.

C'est en faisant valoir ces arguments que les hémophiles ont réussi à obtenir des
compensations. Guy-Henri Godin pilotait le dossier : « On a obtenu 120 millions de
dollars du gouvernement fédéral, pour les hémophiles et leur famille. Comme le système
d'approvisionnement du sang est de responsabilité fédérale et provinciale, on espère
maintenant obtenir un autre 120 millions de Québec. Mais on sent bien que les
compressions budgétaires imposent des limites. Et puis il y a beaucoup d'autres groupes
qui réclament des compensations, des homosexuels porteurs du virus du sida aux victimes
de la thalidomide. »

Les hémophiles ont l'habitude du combat. Mais cette fois, l'ennemi laisse bien peu
de chances. Dominique Brisson parle même d'une « hémorragie morale » : « L'hémophile
a des ressources psychologiques immenses que le sida vient brûler tout d'un coup. »

STÉPHANE BAILLARGEON, « La malédiction des hémophiles », *L'actualité,* 15 oct. 1991.

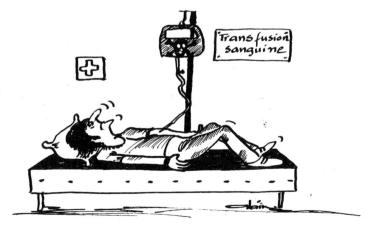

2 ▶ Moyens linguistiques

QUESTIONS	MOYENS LINGUISTIQUES	RÉFÉRENCES *« La malédiction des hémophiles »*
Qui ? Personnes ou institutions	**Noms propres**	Guy-Henri Godin Dominique Brisson Alain Masson Christiane Jacques
	Noms communs caractérisés par des : • compléments de noms	les hémophiles <u>du Québec</u> le vice-président <u>de la société</u> le directeur <u>des laboratoires...</u>
	• adjectifs	la Croix-Rouge <u>canadienne</u> le gouvernement <u>fédéral</u>
	• propositions relatives	les patients <u>qui ont eu une transfusion entre 83 et 85</u>
	• participiales	des patients <u>ayant subi des transfusions</u>
Quoi ? Actions et événements	**Temps du passé, présent de narration** (voir p. 67-68) **Forme passive**	Des hémophiles <u>ont été contaminés par</u> le virus du sida lors de transfusions sanguines.
Où ? Situation géographique des événements	**Prépositions** à, en, au, dans aux alentours de dans les environs de aux environs de dans la banlieue de à proximité de à travers	<u>aux</u> États-Unis <u>à</u> Montréal <u>au</u> Québec <u>à travers</u> le monde

Quand ? Situation des événements dans le temps	**Expressions de temps**	
	maintenant, aujourd'hui à l'heure actuelle de nos jours, à notre époque	
	autrefois, jadis, naguère	
	l'année dernière, hier le jour d'avant, la veille le jour suivant, le lendemain	l'année dernière seulement
	depuis + date il y a..., ça fait... (durée) depuis + durée	depuis la fin des années 70 il y a 15 ans
	lors de..., au cours de... à l'époque de... à cette époque-là dans les années 50-60	
	en 199... à la fin du XIXᵉ siècle au tournant du siècle au début de... avant..., après... dès..., au moment où...	en 1983 à la toute fin de 1983 l'été de 1985 au début des années 1980 avant 1985
	soudain, tout à coup	
	Les verbes suivants situent l'événement dans l'espace temps :	
	avoir lieu, se passer, survenir, arriver, se dérouler	Une catastrophe sans précédent a eu lieu entre 1983 et 1985.

Avec quelles conséquences ? (*Cf.* p. 186-189.)	**Relation de cause à effet :** être à l'origine de, provoquer, entraîner, causer, produire, engendrer un effet néfaste, positif, pervers, nocif des conséquences multiples, indirectes, désastreuses, fâcheuses, catastrophiques être une source de	La négligence <u>est à l'origine</u> de cette catastrophe. Les hémophiles subissent les <u>conséquences multiples</u> du sida : divorce, stress, dépression, perte de revenus... la moindre contusion <u>était déjà une source de</u> douleur
Pourquoi ? (*Cf.* p. 182-185.)	**Relation de conséquence à cause :** être provoqué par être causé par être lié à être dû/due à provenir de résulter de* s'expliquer par	Pour les hémophiles, les pires problèmes <u>sont causés par</u> des hémorragies internes. Cette catastrophe sans précédent dans l'histoire de la médecine <u>est due à</u> une négligence du système médical canadien.

⚠ * NB. **résulter de** = provenir de (ne pas confondre avec l'expression anglaise *to result in* qui signifie *avoir pour conséquence*)

Le texte « La malédiction des hémophiles » pourrait se résumer ainsi :

> Au début des années 80, de nombreux hémophiles du Québec ont été contaminés par le virus du sida suite à des dons de sang non testé. Le système médical canadien a mis deux ans pour réagir à l'alerte lancée par l'Organisation mondiale de la santé. Le test des dons de sang n'est obligatoire que depuis 1985. Cette catastrophe sans précédent dans l'histoire de la médecine est due à une négligence du système médical canadien. Les hémophiles, qui commençaient à mener une vie normale, subissent maintenant les conséquences multiples du sida : dépression, divorce, perte de revenu...

3 ▶ Les temps pour relater et situer un événement passé

3.1 Que s'est-il passé ? Quels sont les faits ?

▷ Relater des **faits passés** :

✓ **passé composé**

> Des hémophiles **ont été contaminés** par le virus du sida lors de transfusions sanguines.
>
> Hier, le premier ministre **a reçu** Nelson Mandela avec qui il **s'est entretenu** pendant deux heures.

✓ **passé simple** (niveau de langue soutenu)

> Le test des dons de sang **devint** obligatoire au Canada en 1985.

▷ Relater un **fait historique** :

✓ **passé simple**

> Le débarquement des Alliés en Normandie **eut** lieu le 6 juin 1944.

✓ **présent**

Pour donner **plus de vie au récit** d'un événement passé (historique ou non), le scripteur peut choisir de rédiger son texte au **présent,** comme si les faits étaient en train de se produire :

> Ce jour-là, lorsque le président **décide** de signer l'accord de paix, deux mille personnes **descendent** dans la rue.

✓ **futur**

Le scripteur peut aussi s'imaginer à un moment précis du passé et présenter les événements qui suivent au **futur :**

> Le test des dons de sang ne **deviendra** obligatoire qu'en 1985. [Le scripteur se situe avant 1985.]

▷ Rapporter des **faits récents** :

✓ **passé récent** (venir de + infinitif)

> Les hémophiles et leurs familles **viennent de recevoir** des compensations.
>
> Les chercheurs **viennent de faire** une nouvelle découverte dans le domaine.

3.2 Dans quelles circonstances ?

▷ Décrire la **situation en cours** :

✓ **imparfait**

Les hémophiles **commençaient** à vivre comme tout le monde grâce à la transfusion quand le sida est venu tout bousiller.

circonstances

▷ Décrire le **cadre** :

✓ **imparfait**

Des enfants **jouaient** à quelques pas des lieux du crime.

Il **faisait** nuit quand le cambrioleur est entré dans l'hôtel.

3.3 Mettre l'événement en contexte

▷ Rappeler les **faits antérieurs** :

✓ **plus-que-parfait**

Le test des dons de sang n'est devenu obligatoire qu'en 1985 alors que l'OMS **avait sonné** l'alarme dès 1983.

✓ **passé surcomposé, passé antérieur** ou **passé composé** (antériorité quasi-immédiate)

Aussitôt que l'on **a (eu) annoncé** les résultats du vote, la foule s'est révoltée.

ou Dès que l'on **eut annoncé** les résultats du vote, la foule se révolta.

contexte

▷ Exposer les **habitudes** ou **traditions** de l'époque ou du moment :

✓ **imparfait**

Une subvention a enfin permis de restaurer la vieille ferme où le peintre, autrefois, **venait** passer ses étés.

▷ Rappeler la **réalité, généraliser** :

✓ **présent**

Les hémophiles **ont** l'habitude du combat, mais cette fois l'ennemi **laisse** peu de chances.

EXERCICES

1. **Lisez l'article suivant et répondez brièvement aux questions : Qui ? Quoi ? Où ? Quand ? Pourquoi ? Avec quelles conséquences ?**

Vol à l'étalage à pleins conteneurs

Une « école de vol » chilienne envoie ses diplômés dévaliser le Québec.

L'escouade antigang de la police de la Communauté urbaine de Montréal a saisi l'an dernier un conteneur en partance pour le Chili bourré de vêtements volés dans la
5 région de Montréal. C'était sa plus grosse prise dans la lutte qu'elle livre depuis 1988 à un nouveau genre de crime, le vol à l'étalage organisé à l'échelle internationale.

La police a fiché 275 membres du réseau, baptisé OCSA (Organisation criminelle sud-américaine). Les membres, presque tous chiliens, ont été formés dans une « école de vol » de Santiago.

10 « On leur apprend à voler, on leur enseigne les lois canadiennes et nos méthodes policières », dit André Lapointe, lieutenant-détective de l'antigang.

Les « diplômés » sont envoyés dans différentes villes du monde et « couvrent » les grands événements internationaux : Jeux olympiques, expositions, etc. Ils sont formés aussi bien aux techniques du vol à la tire qu'au vol à l'étalage. Ils travaillent en groupe,
15 les uns faisant le guet, d'autres couvrant la fuite du voleur. Ce sont des maîtres des faux papiers. Ils sont aussi équipés de dispositifs ingénieux : vêtements aux doublures spéciales ou emballages cadeaux pour cacher leur butin.

Depuis 1991, la police de la CUM a effectué plusieurs saisies importantes en remontant cette filière. Un centre de tri où étaient entassés 80 000 robes et vêtements a
20 été réquisitionné.

C'est la première fois, disent les enquêteurs, qu'on a affaire à un réseau du genre. Le gang serait actif à Toronto et dans quelques villes américaines. Des contacts ont été établis avec la police chilienne pour remonter à la tête du réseau, mais ont donné peu de résultats. « Loin des yeux, loin du cœur », dit le sergent-détective Denis Bergeron à
25 propos de l'intérêt manifesté par ses collègues chiliens. « Ce n'est pas leur priorité. »

Ce changement des règles du jeu prend les commerçants au dépourvu. Selon Gaston Lafleur, président du Conseil québécois du commerce de détail, « nos campagnes de prévention ne peuvent rien contre le crime organisé international. » La prévention devra donc s'orienter davantage vers la formation du personnel.

30 Nombre d'arrestations ont été faites au Québec mais, selon Denis Bergeron, « les tribunaux sont cléments envers les voleurs à l'étalage car ils n'ont pas l'habitude de l'associer au crime organisé. »

LUC CHARTRAND, *L'actualité,* 1er déc. 1993.

2. **Soulignez les expressions de temps dans les passages suivants. Expliquez ensuite la nature et la valeur des temps. Consultez votre grammaire de référence si nécessaire.**

1. Richard Hatfield, fils de député, premier ministre du Nouveau-Brunswick durant 17 ans, a cultivé le sens de la controverse toute sa vie. En 1970, déjà à la tête du gouvernement depuis plusieurs années, il se rend parmi les étudiants qui protestaient contre la guerre du Viêt-nam à l'Université de Kent State, le soir où il y eut quatre morts.

2. En 1992, après 16 ans de guerre civile, le Liban vient d'effectuer, grâce à des Canadiens, le premier recensement de sa population en près de 50 ans. Amorcée en 1986, l'enquête devait durer deux ans ; mais, à cause de la guerre, il a fallu cinq ans pour la terminer.

3. Le 8 mai 1992, lors du premier tour des élections législatives, les Hongrois ont voté en majorité pour les anciens dirigeants communistes, rebaptisés « socialistes », qu'ils avaient méprisés ouvertement quatre ans plus tôt. Comme en Lituanie et en Pologne, en Hongrie, la gauche revient au pouvoir par le biais de la démocratie. Curieusement, ces trois peuples furent, naguère, les plus déterminés à lutter contre la dictature communiste.

4. Felipe Gonzales, qui gouverne depuis 20 ans le Parti socialiste ouvrier espagnol, est à la tête de son pays depuis les élections de 1982. Cet avocat, né en 1942, renouvellera deux fois de suite l'exploit de conduire le Parti Socialiste vers des succès électoraux avant de perdre la majorité au Congrès en juin 1993.

3. Transformez les phrases suivantes de manière à faire ressortir tantôt la cause, tantôt la conséquence des faits ou événements présentés. Consultez les expressions de la page 66 ainsi que le chapitre sur *La cause et la conséquence* (p. 181-196). Variez les tournures.

Ex. : Une défaillance humaine **est à l'origine de** cet accident.
    (cause)   (conséquence)

└─→ L'accident **est lié à** une défaillance humaine.
    (conséquence)   (cause)

Cause / conséquence → Conséquence / cause

1. Le réchauffement de la planète **cause** l'effet de serre.

_____

2. La catastrophe de Tchernobyl **a entraîné** de nombreuses malformations chez les nouveau-nés.

_____

3. Les pluies acides **provoquent** des dommages sur l'environnement.

_____

4. La difficulté à s'adapter à un nouveau pays **est une source** de problèmes pour les immigrants.

_____

5. Les problèmes familiaux **entraînent** des retards scolaires chez les enfants.

_____

Conséquence / cause → Cause / conséquence

6. Ses problèmes de santé **étaient dus** à un manque de sommeil.

_____

7. Les accidents de la route **sont liés** aux défaillances humaines et techniques.

_____

8. Les guerres **s'expliquent** par la volonté de contrôler d'autres pays.

_____

9. Le succès de ce spectacle **provient** du jeu exceptionnel des acteurs.

_____

10. Sa réussite au concours **s'explique** par son travail acharné et ses multiples talents.

_____

4. **Le texte du fait divers qui suit est dans le désordre. Rétablissez-en l'ordre. Une fois le texte reconstruit, vous justifierez l'emploi des temps du passé et soulignerez les expressions de cause et de conséquence qu'il comprend.**

À la veille de leur procès, les trois assassins d'André Brisac, criminel de longue date abattu en pleine rue la veille de Noël, ont plaidé coupables à une accusation réduite.

1. Le juge les a alors seulement condamnés à une peine d'emprisonnement à perpétuité sans aucune possibilité de libération conditionnelle avant 10 ans pour Poulin et Latour, et avant 15 ans pour Lacoste (arrêté en possession de l'arme du crime).

2. Brisac, atteint d'au moins six balles à la tête et au corps, s'était alors écroulé avant de mourir quelques heures plus tard à l'hôpital des suites de ses blessures.

3. Le 19 septembre dernier, au Palais de justice de Bruxelles, Dominique Poulin, 33 ans, Alphonse Latour, 38 ans et Roland Lacoste, 32 ans, tout d'abord accusés de meurtre *prémédité,* ont reconnu leur culpabilité à l'accusation de meurtre *non prémédité.*

4. Puisqu'il n'y aura donc pas de procès, nous n'en saurons certainement pas davantage sur l'enquête policière.

5. Sans cet accord, aucun des trois n'aurait pu espérer sortir de prison avant 25 ans.

6. Les trois meurtriers devaient subir leur procès à compter du 20 septembre, mais il semble que la présentation de dernière minute d'un nouveau témoin les ait incités à négocier un arrangement avec la Cour.

7. Celle-ci a pourtant déjà établi que le meurtre de Brisac avait été commandité par les autorités de la mafia italienne avec qui le clan de Brisac entretenait des liens étroits et que c'étaient des problèmes du clan avec la justice qui étaient à l'origine de ce règlement de compte.

8. Le 24 décembre, vers 22 h, les trois assassins avaient abattu d'une rafale de mitraillette Brisac, dit « Le Baron », qui était au volant de son véhicule garé en plein centre-ville de Bruxelles.

PRODUCTION DE TEXTES

1. **À partir du canevas d'informations donné ci-dessous, rédigez un court article relatant l'événement en question. Au besoin, ajoutez des éléments. Faites appel à votre imagination (100 mots).**

   - **Qui ?** une jeune femme sans histoire, un adolescent perturbé
   - **Quoi ?** une erreur judiciaire, l'inculpation de la jeune femme, le meurtre d'une vieille dame
   - **Quand ?** printemps 1986
   - **Où ?** Belgique (Liège)
   - **Causes ?** faiblesse du système judiciaire, méchanceté des voisins
   - **Conséquences ?** perte de son emploi et de son ami, remise en question des procédures d'enquête

2. **Vous êtes journaliste et vous faites le compte rendu écrit d'un événement :**

   a) Racontez l'événement dans ses grandes lignes.

   b) Présentez les causes à l'origine de l'événement.

   c) Exposez les conséquences de cet événement.

3. **Lisez la nouvelle *Le Bûcher* de Guy de Maupassant (voir pages suivantes) pour laquelle ce dernier s'est inspiré d'un fait divers rapporté dans le quotidien *Le Figaro* du 3 septembre 1884.**

   a) **Résumez la nouvelle en vous aidant des questions suivantes :**

   - Pourquoi ce titre *Le Bûcher ?* De quel événement s'agit-il ? Quelle en était la cause ?
   - Quand et où cet événement a-t-il eu lieu ?
   - Quels étaient les personnages en présence ? (Attention, ici, le terme *Indiens* désigne les habitants de l'Inde.)
   - Quels sont les effets que cet événement produit sur la population locale ?
   - Quelles sont les réflexions que cet événement suscite chez le narrateur ?

b) **Dans cette nouvelle de Maupassant, les descriptions tant du cadre que des personnages semblent reposer en partie sur un contraste blanc/noir, lumière/obscurité. Montrez comment ce contraste se manifeste sur le plan linguistique, puis tentez d'en expliquer la fonction.**

Le bûcher

On dansait au Casino, ce soir-là. C'était un soir d'automne prématuré, un peu froid. Un vent assez fort soufflait du large sans que la mer fût encore soulevée, et des nuages rapides couraient déchiquetés, effiloqués. Ils arrivaient du bout de l'horizon, sombres
5 sur le fond du ciel, puis à mesure qu'ils approchaient de la lune ils blanchissaient, et, passant vivement sur elle, la voilaient quelques instants sans la cacher tout à fait.

Les grandes falaises droites, qui forment la plage arrondie d'Étretat et se terminent aux deux célèbres arcades qu'on nomme les Portes, restaient dans l'ombre et faisaient deux grandes taches noires dans le paysage doucement éclairé.
10 Il avait plu toute la journée.

L'orchestre du Casino jouait des valses, des polkas et des quadrilles. Un bruit passa tout à coup dans les groupes. On racontait qu'un prince indien venait de mourir à l'hôtel des Bains, et qu'on avait demandé au ministre l'autorisation de le brûler. On n'en crut rien, ou du moins on ne supposa pas la chose prochaine tant cet usage est encore contraire
15 à nos mœurs, et, comme la nuit s'avançait, chacun rentra chez soi.

À minuit, l'employé du gaz, courant de rue en rue, éteignait, l'une après l'autre, les flammes jaunes qui éclairaient les maisons endormies, la boue et les flaques d'eau. Nous attendions, guettant l'heure où la petite ville serait muette et déserte.

Depuis midi, un menuisier coupait du bois en se demandant avec stupeur ce qu'on
20 allait faire de toutes ces planches sciées par petits bouts, et pourquoi perdre tant de bonne marchandise. Ce bois fut entassé dans une charrette qui s'en alla, par des rues détournées, jusqu'à la plage, sans éveiller les soupçons des attardés qui la rencontraient. Elle s'avança sur le galet, au pied même de la falaise, et ayant versé son chargement à terre, les trois serviteurs indiens commencèrent à construire un bûcher un peu plus long que large. Ils
25 travaillaient seuls, car aucune main profane ne devait aider à cette besogne sainte.

Il était une heure du matin quand on annonça aux parents du mort qu'ils pouvaient accomplir leur œuvre.

La porte de la petite maison qu'ils occupaient fut ouverte ; et nous aperçûmes, couché sur une civière, dans le vestibule étroit, à peine éclairé, le cadavre enveloppé de
30 soie blanche. On le voyait nettement étendu sur le dos, bien dessiné sous ce voile pâle.

Les Indiens, graves, debout devant ses pieds, demeuraient immobiles, tandis que l'un d'eux accomplissait les cérémonies prescrites en murmurant d'une voix basse et monotone des paroles inconnues. Il tournait autour du corps, le touchait parfois, puis, prenant une urne suspendue au bout de trois chaînettes, il l'aspergea longtemps avec
35 l'eau sacrée du Gange que les Indiens doivent toujours emporter avec eux, où qu'ils aillent.

Puis la civière fut enlevée par quatre d'entre eux qui se mirent en marche lentement. La lune s'était couchée, laissant obscures les rues boueuses et vides, mais le cadavre sur la civière semblait lumineux, tant la soie blanche jetait d'éclat ; et c'était une chose saisissante de voir passer dans la nuit la forme claire de ce corps, porté par ces hommes

40 à la peau si noire qu'on ne distinguait point dans l'ombre leur visage et leurs mains de leurs vêtements.

Derrière le mort, trois Indiens suivaient, puis, les dominant de toute la tête, se dessinait, enveloppée dans un grand manteau de voyage, d'un gris tendre et coiffé d'un chapeau rond, la haute silhouette d'un Anglais, homme aimable et distingué qui est leur

45 ami, qui les guide et les conseille à travers l'Europe.

Sous le ciel brumeux et froid de cette plage du Nord, je croyais assister à une sorte de spectacle symbolique. Il me semblait qu'on portait là, devant moi, le génie vaincu de l'Inde, que suivait, comme on suit les morts, le génie victorieux de l'Angleterre, habillé d'un ulster gris.

50 Sur le galet roulant, les quatre porteurs s'arrêtèrent quelques secondes pour reprendre haleine, puis repartirent ; ils allaient maintenant à tout petits pas, pliant sous la charge. Ils atteignirent enfin le bûcher. Il était construit dans un repli de la falaise, à son pied même. Elle se dressait au-dessus, toute droite, haute de cent mètres, toute blanche, mais sombre dans la nuit.

55 Le bûcher était haut d'un mètre environ ; on déposa dessus le corps ; puis un des Indiens demanda qu'on lui indiquât l'étoile polaire. On la lui montra, et le rajah mort fut étendu les pieds tournés vers sa patrie. Puis on versa sur lui douze bouteilles de pétrole, et on le recouvrit entièrement avec des planchettes de sapin. Pendant près d'une heure encore, les parents et les serviteurs surélevèrent le bûcher qui ressemblait à ces piles de

60 bois que gardent les menuisiers dans leurs greniers. Puis on répandit sur le faîte vingt bouteilles d'huile, et on vida, tout au sommet, un sac de menus copeaux. Quelques pas plus loin, une lueur tremblotait dans un petit réchaud de bronze qui demeurait allumé depuis l'arrivée du cadavre.

L'instant était venu. Les parents allèrent chercher le feu. Comme il ne brûlait qu'à

65 peine, on versa dessus un peu d'huile et brusquement, une flamme s'éleva, éclairant du haut en bas la grande muraille de rochers. Un Indien, penché sur le réchaud, se releva, les deux mains en l'air, les coudes repliés ; et nous vîmes tout à coup surgir, toute noire sur l'immense falaise blanche, une ombre colossale, l'ombre de Bouddha dans sa pose hiératique. Et la petite toque pointue que l'homme avait sur la tête simulait elle-même la

70 coiffure du dieu.

L'effet fut tellement saisissant et imprévu que je sentis mon cœur battre comme si quelque apparition surnaturelle se fût dressée devant moi.

C'était bien elle, l'image antique et sacrée, accourue du fond de l'Orient à l'extrémité de l'Europe, et veillant sur son fils qu'on allait brûler là.

75 Elle disparut. On apportait le feu. Les copeaux, au sommet du bûcher, s'allumèrent, puis l'incendie gagna le bois, et une clarté violente illumina la côte, le galet, et l'écume des lames brisées sur la plage.

Elle grandissait de seconde en seconde, éclairant au loin sur la mer la crête dansante
80   des vagues.

La brise du large soufflait par rafales, accélérant l'ardeur de la flamme, qui se cachait, tournoyait, se relevait, jetait des milliers d'étincelles. Elles montaient le long de la falaise avec une vitesse folle et, se perdant au ciel, se mêlaient aux étoiles dont elles multipliaient le nombre. Des oiseaux de mer réveillés poussaient leur cri plaintif, et, décrivant de
85   longues courbes, venaient passer avec leurs ailes blanches étendues dans le rayonnement du foyer, puis rentraient dans la nuit.

Bientôt le bûcher ne fut plus qu'une masse ardente, non point rouge, mais jaune, d'un jaune aveuglant, une fournaise fouettée par le vent. Et tout à coup, sous une bourrasque plus forte, il chancela, s'écroula en partie en se penchant vers la mer, et le
90   mort découvert apparut tout entier, noir sur sa couche de feu, et brillant lui-même avec de longues flammes bleues.

Et le brasier s'étant encore affaissé sur la droite, le cadavre se retourna comme un homme dans son lit. Il fut aussitôt recouvert avec du bois nouveau, et l'incendie recommença plus furieux que tout à l'heure.
95   Les Indiens, assis en demi-cercle sur le galet, regardaient avec des visages tristes et graves. Et nous autres, comme il faisait très froid, nous nous étions rapprochés du foyer jusqu'à recevoir dans la figure la fumée et les étincelles. Aucune odeur autre que celle du sapin brûlant ou du pétrole ne nous frappa.

Et des heures se passèrent ; et le jour apparut. Vers cinq heures du matin, il ne restait
100   plus qu'un tas de cendres. Les parents les recueillirent, en jetèrent une partie au vent, une partie à la mer, et en gardèrent un peu dans un vase d'airain qu'ils rapporteront aux Indes. Ils se retirèrent ensuite pour pousser des gémissements dans leur demeure.

Ces jeunes princes et leurs serviteurs, disposant des moyens les plus insuffisants, ont pu achever ainsi la crémation de leur parent d'une façon parfaite, avec une adresse
105   singulière et une remarquable dignité. Tout s'est accompli suivant le rite, suivant les prescriptions absolues de leur religion. Leur mort repose en paix.

Ce fut dans Étretat, au jour levant, une indescriptible émotion. Les uns prétendaient qu'on avait brûlé un vivant, les autres qu'on avait voulu cacher un crime, ceux-ci que le maire serait emprisonné, ceux-là que le prince indien avait succombé à une attaque de
110   choléra.

Des hommes s'étonnaient, des femmes s'indignaient. Une foule passa la journée sur l'emplacement du bûcher, cherchant des fragments d'os dans les galets encore chauds. On en ramassa de quoi reconstituer dix squelettes, car les fermiers de la côte jettent souvent à la mer leurs moutons morts. Les joueurs enfermèrent avec soin dans leur porte-
115   monnaie ces fragments divers. Mais aucun d'eux ne possède une parcelle véritable du prince indien.

Le soir même un délégué du gouvernement venait ouvrir une enquête. Il semblait d'ailleurs juger ce cas singulier en homme d'esprit et de raison. Mais que dira-t-il dans son rapport ?

120   Les Indiens ont déclaré que, si on les avait empêchés en France de brûler leur mort, ils l'auraient emporté dans une terre plus libre, où ils auraient pu se conformer à leurs usages.

    J'ai donc vu brûler un homme sur un bûcher et cela m'a donné le désir de disparaître de la même façon.

125   Ainsi, tout est fini tout de suite. L'homme hâte l'œuvre lente de la nature, au lieu de la retarder encore par le hideux cercueil où l'on se décompose pendant des mois. La chair est morte, l'esprit a fui. Le feu qui purifie disperse en quelques heures ce qui fut un être ; il le jette au vent, il en fait de l'air et de la cendre, et non point de la pourriture infâme.

130   Cela est propre et sain. La putréfaction sous terre dans cette boîte close où le corps devient bouillie, une bouillie noire et puante, a quelque chose de répugnant et d'atroce. Le cercueil qui descend dans ce trou fangeux serre le cœur d'angoisse ; mais le bûcher qui flambe sous le soleil a quelque chose de grand, de beau et de solennel.

4. Rédigez un fait divers correspondant à l'une des illustrations suivantes.

FICHE DE LECTURE

Les étudiants compléteront cette fiche de lecture à partir d'un article d'information de leur choix.

Rubrique :

Titre :

Nom du magazine ou quotidien :

Explication du titre (si pertinent) :

Résumé de l'information (qui ? quoi ? quand ? comment ?...)

Mots-clés :

apprécier
critiquer

[D]ans l'expression du jugement et de l'appréciation [...], il intervient un système de comparaisons, rarement explicité, par rapport à une « norme », une représentation de ce qui est beau et de ce qui est bien. Norme que la culture fait intérioriser au fil des années, et de l'éducation qu'on reçoit. Norme qui peut varier d'un individu à l'autre, selon ce qu'on apprend, ce qu'on entend et ce qu'on lit, au gré des rencontres que l'on fait et de ce qu'on vit.
SOPHIE MOIRAND, *Une grammaire des textes et des dialogues,* Paris, Hachette FLE, 1990, p. 93.

Tout événement culturel (livre, film, spectacle...) génère chez son lecteur ou spectateur des réflexions par lesquelles celui-ci est amené à évaluer l'œuvre en question et par là même à la situer par rapport à un ensemble de références culturelles : œuvres de la même catégorie ou du même auteur, renommée des acteurs ou de l'écrivain, etc.

Ces réflexions, des journalistes les partagent avec leurs lecteurs dans la rubrique *Livres* qui présente les dernières parutions aux niveaux national et international, et dans **la rubrique *Cinéma*** qui propose une critique des films qui viennent de sortir sur les écrans.

De nature informative mais aussi très subjective, ces textes s'articulent généralement autour de trois fonctions : **situer l'œuvre, raconter la trame du récit et évaluer.** Il va sans dire que le scripteur n'organisera pas forcément sa critique dans cet ordre-là.

6

La critique de livre et de film

| | Ingmar Bergman a marqué le cinéma scandinave. Il a aussi, par son influence sinon par sa présence, marqué le dernier Festival des films du monde de Montréal, où on a pu voir trois films directement liés à sa personne. Les deux plus intéressants viennent tout juste de prendre l'affiche : *Les Meilleures Intentions*, de Bille August, Palme d'or du Festival de Cannes, dont Bergman a signé le scénario ; et *Sofie*, de Liv Ullmann, longtemps la femme la plus importante dans la vie comme dans l'œuvre du grand cinéaste. (Le dernier film, *Les Enfants du dimanche*, a été tourné d'après un autre scénario de Bergman par son fils Daniel.) | **présenter le cinéaste (l'auteur)** |

situer l'œuvre

comparer

Le film de Bille August est, des trois, le plus somptueux. [...] Sans s'attacher à « faire du Bergman », ce réalisateur sensible [...] réussit à évoquer autant dans ses images que dans son ton, l'univers particulier de Bergman. Et à nous le rendre avec une chaleur qui, souvent, a manqué au maître.

résumer l'histoire

Le premier film de Liv Ullmann est lui aussi marqué par Bergman, mais comme en filigrane. *Sofie* est une saga familiale qui se déroule au Danemark, entre 1886 et 1907, mais dans un milieu petit-bourgeois. C'est, essentiellement, un film d'acteurs, les meilleurs du théâtre danois, qui prennent visiblement, à exercer leur métier, un plaisir vif, et infiniment communicatif.

raconter la trame du récit

brosser un portrait des personnages

Sofie (Karen-Lise Mynster) est une jeune femme de 29 ans que ses parents angoissent de voir rester vieille fille. Elle est heureuse, pourtant, Sofie, entre ses parents qui s'aiment [...] et les sœurs de sa mère, vieilles filles authentiques, elles, qui mènent dans la maison familiale une existence aussi douce que routinière. Quand elle rencontrera un peintre qui, le premier, la troublera, sa famille s'affolera.

critiquer

évaluer

apprécier (ou porter un jugement négatif)

[...] Les comédiens, c'est connu, font souvent de remarquables directeurs d'acteurs ; ils savent par où les prendre, comment les provoquer sans les braquer [...]. Liv Ullmann a ce talent. Sa distribution, qu'elle a soigneusement choisie chez les gens de théâtre, est uniformément formidable. Peut-être parce que les gens de théâtre savent, mieux encore que les acteurs de cinéma, construire peu à peu un personnage et s'effacer derrière lui. C'est là une qualité que vous ne pourrez qu'admirer en vous laissant raconter les malheurs de *Sofie*.

conseiller

« L'ombre du grand Bergman », *L'actualité,* 1er déc. 1992.

SITUER L'ŒUVRE

Le critique livre aux lecteurs de l'information qu'il estime pertinente concernant l'œuvre ou son auteur : éléments biographiques concernant les personnes impliquées, date de sortie de l'œuvre, nature de l'œuvre, prix obtenus...

1 ▶ De qui s'agit-il ?

L'auteur(e)	l'écrivain(e) / le romancier / la romancière / le(la) dramaturge
Le (La) cinéaste	le metteur en scène / le réalisateur / la réalisatrice / le producteur / la productrice (= *director* en angl.)
Un génie	une personne de qualité / de grand talent / aux talents variés / très douée la dernière révélation du cinéma italien
Une célébrité	le plus grand romancier/acteur de son temps la plus grande réalisatrice des dix dernières années un metteur en scène à succès une vedette/star adulée par le public Ce film met en vedette une actrice très admirée.

2 ▶ Quand l'œuvre est-elle sortie ?

Ce film	est à l'affiche depuis deux semaines. vient de sortir sur les écrans.
Ce livre	est maintenant en vente dans... a été publié aux Éditions... a paru en anglais il y a...

3 ▶ Comment l'œuvre a-t-elle été reçue auprès du public ou de la critique ?

Bien reçue   un ouvrage salué/applaudi par la critique

une œuvre qui a remporté un immense succès

un film qui a remporté de nombreux prix (dont la Palme d'or au Festival de Cannes)

un roman qui a reçu le Prix Goncourt

un film qui fait salle comble

Moins bien reçue

une œuvre délaissée / ignorée / boudée par le public

RACONTER LA TRAME DU RÉCIT

Le journaliste consacre une bonne partie du texte à la trame du récit. Il explique brièvement ce dont il s'agit, situe l'histoire dans un espace-temps et la résume dans ses grandes lignes. Il dresse souvent un rapide portrait des personnages principaux.

> [Dans le film *Louis, enfant roi*,] il s'agit d'une épopée [...] remplie de fureurs mais aussi de splendeurs. Planchon y montre, concurremment, l'éducation sentimentale — pour ne pas dire sexuelle — du jeune Louis et son apprentissage politique. Entouré d'intrigants, bousculé par une révolution qui le terrorise (la Fronde), l'enfant roi battra ses plus puissants ennemis et établira, une fois sa survie assurée, la première monarchie absolue en France.
>
> « L'État, c'était lui », *L'actualité,* 15 nov. 1993.

1 ▶ De quoi s'agit-il ?

Le sujet   Dans cette œuvre, il s'agit de...

Cette œuvre traite de.../ aborde... / évoque.../ raconte... / relate... / retrace... / nous offre...

Le genre / La forme   Cette œuvre se présente sous la forme d'une fresque historique / d'une épopée / d'une saga / d'une fable / d'une satire / d'un réquisitoire...

Ce film est en version originale/française / doublé / sous-titré...

Les personnages   Le récit s'organise autour de personnages sympathiques / mystérieux...

Ce film raconte la vie / les mésaventures de...

| L'intrigue | L'auteur situe la trame de ce roman dans un village... |
| | Cette histoire a pour cadre... |

Remarque : les critiques ont tendance à privilégier le présent de narration et le futur dans le résumé de la trame du récit, même pour une œuvre à caractère historique.

2 ▶ Que fait l'auteur / le cinéaste ?

Un travail d'artiste	L'auteur(e) brosse un tableau magnifique / cruel / bouleversant de...
	Quel pouvoir créatif !
Un œil critique	Le cinéaste pose un regard attendrissant / aigu / sévère sur...
	Il fait ressortir... / souligne... / jette le jour sur...
Un sourire	Le réalisateur use du rire / d'un humour savoureux pour... (+ infinitif)
Une confidence	La romancière livre beaucoup d'elle-même à travers...

Pour le portrait des personnages et le résumé de l'intrigue, n'hésitez pas à vous inspirer des chapitres *Le portrait* et *Le texte lié à l'événement.*

CRITIQUER – ÉVALUER

Critiquer signifie porter un jugement négatif, positif ou nuancé sur un ou plusieurs aspects de l'œuvre : l'écriture, le ton, l'histoire, l'intrigue, les dialogues, l'humour, la technique, les images, le scénario, les personnages, le jeu des acteurs, etc.

Ce film se regarde, littéralement, comme un album de photos — les images sont vraiment **magnifiques,** les acteurs ont des têtes **fascinantes,** et seules les scènes de combat **détruisent l'illusion** : elles font **affreusement artificiel, et pauvre.** Mais encore une fois, on a peine à suivre les méandres **terriblement compliqués** de ces intrigues et affrontements.

Une consolation : dans le rôle du Grand Condé, Serge Dupire est du début à la fin **fidèle à son personnage** et, de loin, **le plus convaincant** de la troupe d'acteurs qui s'agitaient devant la caméra de Planchon. Ce comédien, révélé il y a longtemps dans *La Famille Plouffe,* brièvement retrouvé dans *Le Matou* puis un peu oublié, fait là la preuve éclatante de sa **remarquable présence à l'écran** et de son **talent,** soudain évidents. Rien que pour lui, **ce film vaut le détour.** Mais rien que pour lui.

« L'État, c'était lui », *L'actualité,* 15 nov. 1993.

1 ▶ Comment qualifier l'œuvre ?

Une œuvre captivante

– Ce livre/film	nous tient en haleine du début à la fin.
	se lit d'une seule traite.
	soutient l'intérêt du lecteur/spectateur de la première à la dernière ligne/image.

Une œuvre passionnante

– Cet ouvrage / ce film	pose les questions qui nous hantent.
	laisse une forte empreinte sur le lecteur.
	est riche en rebondissements.

Une belle œuvre

– Ce film	est un (très) grand film.
	est un chef d'œuvre / un monument.
– Ce livre	nous séduit par la beauté de son style.
	est un splendide témoignage de...
– Ces nouvelles	témoignent d'une exceptionnelle maîtrise de l'art narratif.
	[Ici, *témoigner de* signifie *montrer, révéler.*]

Une œuvre pauvre

– Ce livre/film	est dépourvu de... / manifeste un manque de...
	ennuie / est ennuyant / traîne en longueur.

2 ▶ Que dire des personnages ?

Convaincants	des personnages auxquels on croit / auxquels on ne peut que s'identifier
	des personnages intrigants / qui suscitent la curiosité
Bien interprétés (film)	des acteurs fidèles à leur personnage
	un acteur superbe dans le rôle de...
	des comédiens qui ont de la présence
	un personnage incarné par le talentueux X.

3 ▶ Quels sont les sentiments suscités ?

La lecture de ce roman procure un vif plaisir.

est un vrai régal.

Ce film fait naître une rare qualité d'émotions.

nous fait frissonner d'horreur et de plaisir à la fois.

irrite.

4 ▶ Que dire des images ?

un film tourné dans un décor spectaculaire

des images évocatrices / puissantes / superbes / douloureuses /

insoutenables / envoûtantes

des images à vous couper le souffle

des images tout droit sorties d'un tableau de...

5 ▶ À voir / À lire ?

À voir absolument !

À lire pendant les vacances.

À consulter à l'occasion...

(Ne) vaut (pas) le détour / le déplacement.

(Ne) vaut (pas) la peine d'être lu.

6 ▶ Comment renforcer ou nuancer sa critique ?

▷ Évaluer une œuvre, c'est la situer sur une **échelle de valeurs** qui nous est propre et qui ne peut donc être que très **subjective.** La plupart des adjectifs utilisés dans la critique de livre ou de film traduisent d'ailleurs, par leur nature, une certaine subjectivité *(beau, superbe, passionnant, talentueux...).* Il est toutefois important de pouvoir nuancer son évaluation à l'aide notamment d'**adverbes** traduisant différents **degrés d'intensité :**

faible	Le jeu de l'acteur	**n'est** **pas du tout / aucunement** impressionnant.
	Le jeu de l'acteur	**n'est guère** impressionnant.
	Le jeu de l'acteur	est **peu** impressionnant.
	Le jeu de l'acteur	est impressionnant.
	Le jeu de l'acteur	est **plutôt/assez** impressionnant.
	Le jeu de l'acteur	est **bien** impressionnant.
	Le jeu de l'acteur	est **des plus** impressionnants.
	Le jeu de l'acteur	est **vraiment/particulièrement** impressionnant.
fort	Le jeu de l'acteur	est **fort/très** impressionnant.

▷ Évaluer, c'est également **comparer aux autres œuvres.** Mais là aussi, les **degrés de comparaison** peuvent varier :

Ce livre est	**plus** dense	et	**moins** émouvant que...
Ce livre est	**bien plus** dense	et	**bien moins** émouvant que...
Ce livre est	**beaucoup plus** dense	et	**beaucoup moins** émouvant...
Ce livre est	**nettement plus** dense	et	**nettement moins** émouvant...
Ce livre est	**encore plus** dense	et	**encore moins** émouvant... *

(* sous-entend que l'autre livre est déjà très dense et peu émouvant.)

Dans le cadre des superlatifs, on préférera des expressions telles que :

Ce film est	**de loin** le meilleur.
Ce film est	**certainement** le meilleur.
Ce film est	**sans aucun doute / indubitablement** le meilleur.
Ce film est	**peut-être** le meilleur en son genre. [réserve]

EXERCICES

1. **Lisez la critique suivante portant sur l'adaptation à l'écran de *Légendes d'automne* de Jim Harrison.**

   a) **Tentez de reconstituer un portrait vivant de l'écrivain (physique, caractère, ambitions et biographie).**

   b) **Cette critique vous semble-t-elle élogieuse ou plutôt nuancée ? Justifiez vos réponses.**

   c) **Choisissez cinq expressions propres à la critique de livre ou de film et réutilisez-les dans des phrases de votre composition (en vous aidant du dictionnaire si nécessaire).**

UN LIVRE
Harrison, auteur comblé

Autrefois maltraité par Hollywood, Jim Harrison se méfiait. Edward Zwick a adapté ses « Légendes d'automne ». Il en est plutôt satisfait. A tort.

Jim Harrison vit dans le nord du Michigan. Une ferme du comté de Leelanau, près de Traverse City, pour être précis.

Pics neigeux, prairies grasses et rivières furieuses : pour qui a fait le voyage, le tableau est éblouissant. Comme une toile de Russel Chatham, le paysagiste dont les reproductions illustrent les éditions américaines des livres de Harrison. Le « désert » des pionniers et de ses aïeux suédois est aussi le décor de « Légendes d'automne » – la nouvelle éponyme du livre – qui vient d'être porté à l'écran (*voir ci-contre*). Edward Zwick, le réalisateur, a fait de la nature sauvage son personnage principal. Cela ne pouvait que plaire à Harrison. « Dans le passé, Hollywood a réalisé des adaptations assez médiocres, chichiteuses et "mode" de mes livres. A l'écran, par exemple, "Wolf" s'est transformé en loulou de Poméranie. Avec "Légendes", en revanche, Zwick n'a pas cherché à rendre l'histoire gentillette pour plaire à tout le monde. »

Les récits de Harrison parlent de la violence fondatrice, pure et totale, de l'Amérique. Ses personnages sont noyés dans des paysages grandioses. « Mais vivre avec ses passions dans de tels décors comporte un risque : celui de devenir fou », explique Un-Coup, l'Indien narrateur de « Légendes », au soir de sa vie. Ainsi Tristan, le héros, qui, pour venger la mort de son cadet, tombé dans les tranchées de France, s'en va scalper des soldats allemands.

« J'ai écrit le livre (1) en ressassant la mort de mon père et de ma sœur, tués dans un accident. J'essayais de comprendre quelque chose d'absolument incompréhensible. Tristan me ressemble : je suis moins évolué que d'autres, plus primitif. La douleur peut provoquer chez moi de sérieux dégâts. » Comme les Indiens en transe qui entrent dans la peau d'un animal, Harrison confesse aussi avoir eu des attaques de lycanthropie. Des crises qui ont inspiré « Wolf ».

Une stature d'ours, une tête à la Bronson, un œil de verre, les dents du bonheur et la voix tannée d'un gros fumeur : l'homme tient plus de l'ours que du loup. Un ours plein de délica-

MATSAS/OLYMPE

Jim Harrison. « *Ce qui m'importe, c'est que le film ait été réalisé.* »

tesse. Avec sa prose finement ouvragée, Harrison enchante le monde. Pas de tirades existentielles, mais le récit de plaisirs simples, d'histoires poignantes ou loufoques.

Que sa « novella » dense et nerveuse devienne à l'écran un mélo gorgé de grands sentiments ne semble pas l'émouvoir : « C'est justement ce que j'aime, dans le film. Il contredit cette tendance très contemporaine à taire ce qui nous émeut. Le roman est cru. J'y ai mis des couleurs vraies, de sang et de terre, que j'ai retrouvées dans le film. Il a la majesté d'un opéra. »

« Légendes d'automne » a successivement intéressé David Lean, John Huston et Orson Welles. Seize ans avant d'être tourné. « Hollywood a mis presque autant de temps, explique Harrison, à monter "Vol au-dessus d'un nid de coucou", d'après le roman de Ken Kesey. Pour "Légendes", on a accumulé les scénarios, plus d'une dizaine, tous plus mauvais les uns que les autres. Jusqu'à celui qui a servi de base au film, et que je trouve très bon. Ce qui m'importe, c'est que le film ait été réalisé. Je vais pouvoir arrêter l'écri-

ture de scénarios. J'ai envie d'autre chose. De me remettre à la poésie, par exemple. Je ne veux plus gâcher ma vie à essayer de la gagner. »

C'est Nicholson, son compagnon de débauche, qui l'a d'abord poussé à écrire pour le cinéma. Depuis, Jim Harrison a signé une trentaine de scripts. La plupart dorment dans les tiroirs des majors. Jim a pris ses quartiers d'hiver en Arizona, quelque part au sud de Tucson. « J'ai passé cinquante ans sous la neige ; ça commençait à bien faire. » Il promène ses chiens dans les collines. Et planche sur un scénario (« le dernier »), ainsi que sur un roman, une suite à « Dalva ». « Je n'arrive toujours pas à me décider à tuer la fille, à la fin. » Au milieu de la nature, il a réussi à protéger son cœur d'enfant. « Dans le désert, j'observe les étoiles, celles que je connaissais quand j'étais petit. L'Arizona est l'un des rares endroits où l'air soit infiniment pur. Mais il y a toujours un de ces putains de satellites qui, en passant, gâche le plaisir. Depuis que Neil Armstrong est allé sodomiser la Lune avec un club de golf, même la carte du ciel est déglinguée. »

Pascal Dupont ■

(1) « Légendes d'automne », par Jim Harrison. 10/18, 248 p., 44 F.

SYGMA

2. *a*) **Remplissez tout d'abord les blancs avec les verbes qui vous viennent à l'esprit.**

   b) **Reprenez ensuite cet exercice en choisissant cette fois dans la liste qui vous est proposée les verbes qui vous paraissent convenir le mieux. Choisissez le mode et le temps appropriés.**

   livrer – paraître – se dérouler – raconter – évoquer – procurer – révéler – jeter – saluer – noyer – sentir – tenir

   1. La Vie silencieuse de Marianne _____ en Sicile au début du xviiie siècle. Ayant grandi en Sicile, Dacia Maraini _____ avec splendeur une île aux couleurs et aux parfums violents.

   2. Dacia Maraini _____ le long apprentissage de la liberté d'une femme.

   3. La richesse des images de ce livre _____ au lecteur un plaisir sans pareil.

   4. L'ouvrage *Dico français/français* de Philippe Vandel nous _____ les subtilités de la langue.

   5. À 40 ans, Alexandre _____ sa vie lui échapper. Il _____ son désarroi dans une seule passion : l'écriture.

   6. Nino Cochise avait plus de cent ans quand _____ en 1973 la traduction française de son autobiographie : une exceptionnelle épopée qui raconte sa vie de rebelle à la fin du xixe siècle.

   7. C'est un film qui nous _____ un témoignage à la fois profondément national et universel.

   8. _____ un regard critique sur sa propre carrière, Christophe nous raconte l'authentique histoire de sa vie.

   9. Le succès de ce livre _____ à la force de l'écriture.

   10. Ce film a été _____ par l'ensemble de la critique.

3. Trouvez l'expression qui convient le mieux :

   émeut – procure – a l'épaisseur et le poids de – laisse une forte empreinte – use de – traite – donne libre cours à – tiennent en haleine – se lit d'une seule traite – trace – brosse un tableau – surgit

   1. L'atmosphère étouffante et le suspense nous_____ de la première à la dernière page.

   2. Ce film, qui _____ nos angoisses, pose enfin les questions qui nous hantent.

   3. Cette œuvre _____ une imagination pleine de couleurs et de vie.

   4. Cette nouvelle _____ un vif plaisir.

5. Cette œuvre _____ comme les romans vrais, ceux qui tiennent en haleine jusqu'au petit matin.

6. L'auteur _____ l'humour noir et du rire tragique.

7. L'auteur conte une histoire simple. Mais entre les mots _____ une vitalité étonnante.

8. Ce roman merveilleux et doré _____ sur le lecteur.

9. L'histoire _____.

10. Ce film _____ bouleversant du monde.

4. Trouvez une expression qui convienne en vous inspirant des exercices 2 et 3 ainsi que du vocabulaire présenté dans ce chapitre.

1. Luc Estang a su _____ ce mystère insensé de l'adolescence avec ses refus, ses découvertes et ses joies.

2. *Les Soleils des indépendances* d'Ahmadou Kourouma _____ la déchéance d'un prince malinké.

3. C'est_____ la déchéance d'un prince malinké spolié par les nouveaux riches de l'Afrique occidentale.

4. *L'enfant pain* de Gomez-Arcos _____ les lendemains de la victoire franquiste dans un village d'Andalousie.

5. D'après le contexte, complétez les espaces blancs à l'aide des éléments qui conviennent :

contraire – incarne – raconte – faire rire – pourvue – touchant – parvenu – entrée – opposés – déçu – triomphe – pleurer – œuvre

1. Philippe Noiret n'a pas fait une _____ remarquée au cinéma dans les années soixante, l'époque des Gabin, Delon et Belmondo. Rien de très marquant, exception faite de *Zazie dans le métro* et de *Thérèse Desqueyroux :* deux films totalement _____ où il montre qu'il peut tout être et son _____. Noiret est selon certains le meilleur acteur français, le seul qui puisse à la fois _____, _____ et danser le French Cancan.

2. Après le _____ de *Cinéma paradiso,* le film de Giuseppe Tornatore, *Ils vont tous bien,* n'a pas _____. Marcello Mastroianni y _____ un vieux monsieur parti à travers l'Italie, à la recherche de ses enfants et de ses illusions. C'est un film cruel, mais aussi extrêmement _____.

3. Bien que contraint de servir un scénario inventé par d'autres, Simoneau est _____ à faire de *Perfectly normal* une _____ personnelle, inégale peut-être, mais _____ d'un charme, d'une sensibilité et d'un humour qui lui ressemblent.

4. *Moody Beach,* le premier film de Richard Roy, _____ une histoire classique : la crise de la quarantaine d'un huissier qui décide de tout « plaquer » et de partir à l'aventure.

6. Réutilisez les constructions en caractères gras dans des phrases de votre composition. Inspirez-vous de vos lectures, notamment de critiques littéraires ou cinématographiques.

> Ex. : **Malgré** la rapidité et l'élégance de l'écriture, **on éprouve** un peu de lassitude.
> ⤷ **Malgré** un style diffus et parfois laborieux, **on éprouve** du plaisir à lire ce livre.

1. **Le roman de** Lemieux, *La Lune rouge,* est un récit **qui comporte** une intrigue policière vraisemblable, bien conduite, **et qu'on** lit avec passion.

_____

2. **On rencontre** dans ce livre **des personnages qui** ne manquent pas d'épaisseur : une infirmière d'âge mûr qui a des passions désespérées, un peintre à succès, un pasteur anglican un peu fou.

_____

3. **Sans doute** ce personnage représente-t-il les valeurs du passé.

_____

4. Ce personnage **est décrit par** le romancier **avec un tel sens** du détail que le lecteur ne peut que croire à son existence.

_____

5. L'auteur **réussit à** maintenir le suspense de manière éclatante, grâce **non seulement** à son érudition, **mais aussi** à son véritable talent.

_____

6. Comme le montre **son récit** fiévreux, agité et sensuel, M... **est un romancier de** talent.

_____

7. **Les personnages** nous murmurent des monologues intérieurs **qui nous touchent.**

_____

8. **Avec** des moyens très simples mais parfaitement maîtrisés, l'auteur **fait naître** une qualité très rare d'émotion.

_____

7. Même exercice que ci-dessus.

1. **Ce film remporta** le Grand Prix de Venise et les droits de distribution mondiale furent achetés par...

   _____

2. **Cette histoire est racontée par** un réalisateur **qui** a de l'esprit, de la culture et bien du talent.

   _____

3. **J'ai découvert avec ce film** qu'on peut détester une œuvre de ce réalisateur avec la même passion qu'on en a adoré d'autres.

   _____

4. **Il s'agit de l'histoire d'**une femme riche, oisive, angoissée, **qu'**un vieux Chinois transformera en lui faisant avaler d'étranges potions aux effets encore plus bizarres.

   _____

5. Son journal est un livre honnête. On le **lit avec curiosité parce qu'**il raconte la vie de grandes célébrités.

   _____

8. Corrigez les maladresses syntaxiques, lexicales et stylistiques des phrases suivantes (elles ont été soulignées).

1. Le grand succès <u>que ce film jouit</u> est <u>à cause des</u> émouvantes <u>performances</u> des acteurs.

2. Les relations entre mère et fille <u>peintes</u> sont <u>croyables, auxquelles on peut s'identifier.</u>

3. Ce film dépeint l'amour d'un père envers sa fille adolescente et les moyens <u>qu'il serait allé jusqu'à le prouver.</u>

4. La description des scènes est la seule chose <u>que j'ai pensé méritera un prix.</u>

5. Jouant le rôle d'une muette <u>dont jouer du piano est la seule passion,</u> H. H. est splendide<u> sur</u> l'écran.

6. <u>Ayant lieu</u> dans les bois d'Irlande, près de la mer, le paysage est à vous couper le souffle.

7. Le <u>directeur</u> du film a respecté la biographie de l'auteur et raconte la vie de mineurs du siècle dernier. Les <u>caractères</u> incarnés par des acteurs peu connus sont éblouissants de vérité.

PRODUCTION DE TEXTES

1. **Rédigez une note critique sur l'une des œuvres suivantes en utilisant certains des éléments d'information proposés.**

   a) **Livre :** *L'Échiquier du mal* **de Dan Simmons**

Situer l'auteur et l'œuvre

- auteur de science-fiction
- né en 1948 dans l'Illinois
- étudiant puis professeur jusqu'en 1987 à l'Université de Saint-Louis
- œuvre connue : *Hypérion*
- *L'Échiquier du mal* remporte tous les prix littéraires (le Hugo, le Locus, le Bram Stocker Award...)

Raconter l'histoire

- L'action se déroule en 1942, à Chelmo, entre deux officiers allemands. Le point de départ du roman est une partie d'échecs. Les Juifs soumis au contrôle psychique de l'un des joueurs jouent le rôle de pièces, de pions. Saul Laski, le héros du roman, survivra à ce cauchemar.

Caractériser l'auteur

- un génie de l'Illinois
- un nouveau Stephen King
- un auteur de talent
- un talent de raconteur
- original, ne se soumet pas aux lois de la science-fiction

Caractériser l'œuvre

- *L'Échiquier du mal*, 1 000 pages, un « pavé »
- livre inclassable, hors norme, inquiétant, fabuleux
- une réflexion sur la violence de ce siècle sous toutes ses formes
- un thriller pas comme les autres qui dépasse le cadre et les conventions du thriller
- des pages à couper le souffle et faire dresser les cheveux sur la tête
- une écriture complexe

---

b) **Livre :** ***Lituma en los Andes (Lituma dans les Andes)* de Mario Vargas Llosa, 320 pages.**

Situer l'auteur et son œuvre

  – écrivain et homme politique péruvien (1936-)

  – défenseur des droits de l'homme

  – son œuvre : vaste fresque de la société péruvienne

  – ses derniers romans : *Histoire de Mayta* (1984) et *Qui a tué Palomino Molero ?* (1986)

  – sujets : violence, racisme à l'égard des Indiens, misère urbaine et brutalité policière dans le Pérou d'aujourd'hui

Situer l'œuvre

  – prix Planeta (automne 1993)

  – sujet : Le Sentier lumineux, organisation née en 1970 dans les Andes, se réclamant du marxisme et du maoïsme, qui pratique la terreur politique

  – cadre : village dans les montagnes (des hommes du Sentier lumineux rôdent tout autour)

Raconter la trame du récit et critiquer

• Premier récit :

  – trois habitants disparaissent

  – (anti)héros : Lituma (caporal de la garde civile) enquête

  – d'autres personnages ont affaire aux hommes du Sentier lumineux (un jeune couple de Français, une botaniste...)

  – description de l'imaginaire culturel du pays (vampires, fantômes...)

  – portrait des militants politiques : appliquent des consignes et ordres très cruels, deviennent des robots meurtriers (mais l'auteur souligne combien ils ont raison de se révolter)

  – pessimisme, noirceur

• Deuxième récit en parallèle :

  – héros : garde civil vierge, amoureux d'une prostituée et prêt à tuer et déserter pour son bonheur

  – récit fabuleux, surréaliste

c) **Film :** *Trente-deux Films brefs sur Glenn Gould*

Situer le réalisateur
- François Girard
- autres films : adaptation très réussie de *Dortoir* (troupe Carbone 14)

Situer le film
- sujet : vie et carrière de Glenn Gould (1932-1982)
- personnage (portrait) : Glenn Gould : célèbre pianiste / canadien / excentrique / génie / plus brillant interprète des *Variations Goldberg* de Bach / prenait plein de médicaments / se nourrissait de biscuits / égoïste
- format : 32 vignettes, certaines très courtes et d'autres très longues / entrevues avec des gens qui l'ont connu / séquences inventées ou reconstruites de moments de la vie de Gould (dont les dernières minutes avant le dernier concert de 1964)

Critiquer
- Colm Feore (acteur shakespearien) : subtil, toujours juste, souvent drôle, superbe dans le rôle de Gould
- personnalité de Gould abordée avec respect
- on comprend mieux sa passion, son génie, ses manies
- Gould reste un mystère
- œuvre belle et intelligente

2. **Présentez une petite biographie du romancier de votre choix. Pour vous aider, vous pouvez vous référer au modèle suivant :**

> J. M. G. Le Clézio est né à Nice le 13 avril 1940 ; il est originaire d'une famille de Bretagne émigrée à l'île Maurice au XVIIIᵉ siècle. Il a poursuivi des études au collège littéraire universitaire de Nice et est docteur ès lettres.
>
> Malgré de nombreux voyages, J. M. G. Le Clézio n'a jamais cessé d'écrire depuis l'âge de sept ou huit ans : poèmes, contes, récits, nouvelles, dont aucun n'avait été publié avant *Le Procès-verbal,* son premier roman paru en septembre 1963 et qui obtint le prix Renaudot. Son œuvre compte aujourd'hui une vingtaine de volumes. En 1980, il a reçu le Grand Prix Paul Morand décerné par l'Académie française pour son roman *Désert.*
>
> Le Clézio, *Le Printemps et autres saisons.*

3. **Rédigez une note critique portant sur le livre ou le film de votre choix.**

FICHE CRITIQUE 1

Les étudiants compléteront cette fiche après avoir regardé le film de leur choix.

Titre du film :

Type de film :

Réalisateur :

Acteurs principaux :

Explication du titre (si pertinent) :

Résumé de l'intrigue (qui ? quoi ? quand ? comment ?...) :

Commentaires critiques (jeu des acteurs, décor, dialogues...) :

Mots nouveaux :

FICHE CRITIQUE 2

Les étudiants compléteront cette fiche après avoir lu le livre de leur choix.

Titre du livre :

Genre du livre (roman, autobiographie...) :

Auteur :

Explication du titre (si pertinent) :

Résumé de l'intrigue (qui ? quoi ? quand ? comment ?...) :

Commentaires critiques (style, intérêt, réalisme...) :

Mots nouveaux :

donner son opinion

RÉAGIR À UN ÉVÉNEMENT ET À UNE INFORMATION

Les lecteurs d'un quotidien ou d'un magazine adressent fréquemment des lettres à la rédaction pour remercier, féliciter ou critiquer les journalistes, pour réagir à un événement, livrer leur opinion ou rectifier une information.

7

Les lettres des lecteurs

féliciter	**Toutes mes félicitations** pour votre article du 10 mai dernier consacré au travail à domicile. Vous avez su **éveiller ma curiosité** de future traductrice et m'ouvrir de nouvelles perspectives quant à ma vie professionnelle.	**intérêt**
	Je suis heureuse de constater qu'il me sera peut-être possible de concilier travail et vie de famille.	**sentiment**
concéder	Cette option, **il est vrai,** est particulièrement alléchante pour les employés : finies les longues heures passées dans les transports en commun! Finis les horaires peu flexibles et les heures supplémentaires loin des enfants !	
opposer	J'avoue **cependant** avoir quelques **réserves. Êtes-vous sûr** que les employeurs vont jouer le jeu? **Vont-ils accepter** de laisser les employés travailler chez eux avec la même couverture sociale ?	**opinion** **questions**
rapporter des propos	**Vous prétendez par ailleurs que** le travail à domicile est stimulant et créatif. Mais **ne risque-t-il pas** plutôt de renforcer la tendance du «chacun pour soi» et de limiter la communication à celle de l'autoroute électronique?	**interro-négation**
suggérer	**Peut-être devrait-on** commencer par répartir les heures de l'employé entre le bureau et le domicile.	

MANON CHABLIER, Toronto.

QUELQUES MOTS POUR...

1 ▶ Remercier – Féliciter

> **Une artiste dans l'ombre**
> **Je remercie** *votre journal* de nous avoir brossé un portrait si touchant de Camille Claudel, femme-sculpteur et sœur de l'écrivain Paul Claudel. Votre article a su rendre hommage à l'une des plus grandes artistes de son temps injustement méconnue à son époque. **Bravo et encore merci !**
> CAROLE MORA, Orléans.

• **Merci**

– Permettez-moi au nom de... de vous remercier chaleureusement...

– Merci de nous avoir fait connaître cet artiste au talent immense.

• **Bravo**

– Félicitations pour votre numéro spécial sur l'environnement.

– Je suis fidèle lecteur/lectrice de... et je vous félicite...

– J'en profite pour vous féliciter/complimenter à propos de votre magazine que je lis toujours avec plaisir.

2 ▶ Réagir – Livrer un sentiment

• **Intérêt – curiosité – plaisir**

– Au sujet de votre article concernant..., je voudrais vous dire combien j'ai apprécié...

– Ayant lu avec intérêt votre article concernant... je tenais à vous dire...

– Votre article... aborde un sujet qui m'intéresse particulièrement.

– Quel bonheur de feuilleter votre magazine !

– Je suis heureux/content que votre journal ait mentionné...

– C'est avec beaucoup d'intérêt et de plaisir que j'ai lu...

– J'ai lu avec beaucoup d'intérêt votre éditorial...

– L'article sur... a éveillé ma curiosité.

• **Surprise**

– Je suis surpris que vous n'ayez pas repris les commentaires de...

– Imaginez mon étonnement quand j'ai lu que...

> **Vive le vert !**
> **C'est avec un plaisir sans cesse renouvelé** que mes étudiants et moi recevons votre magazine. Nous **avons** particulièrement **apprécié** votre dossier spécial sur l'environnement d'il y a deux mois. **Dommage que** vous n'ayez pas insisté davantage sur les solutions envisagées quant à l'entreposage des déchets urbains.
> ÉRIC BEAUCHEMIN, Brampton.

• **Déception – regret – indignation**

– J'ai été profondément déçu(e) par... (+ nom)

– J'ai été stupéfait(e) de... (+ infinitif)

– Je suis indigné(e) de lire...

– Je voudrais exprimer mon indignation quant à...

– J'ai été scandalisé(e) d'apprendre que... (+ indicatif)

– Je trouve déplorable que... (+ subjonctif)

– Il est navrant que... (+ subjonctif)

– Il est navrant de voir que... (+ indicatif)

– Dommage que... (+ subjonctif)

> **Riposte**
> Ce n'est qu'après un temps de réflexion, histoire de laisser passer mon **étonnement**, ma **déception** et ma **colère** que je me permets de vous faire part de mon évaluation : un article de mauvais goût signé par un journaliste démontrant un esprit limité et chauvin.
> Antoine Desportes, Saint-Jean (Terre-Neuve).

 N. B. Les expressions traduisant un **sentiment** de **crainte**, de **souhait**, de **regret**, de **satisfaction...** sont généralement suivies du **subjonctif** ou d'une préposition suivie d'un infinitif. Quand la subordonnée au subjonctif renvoie à un **fait antérieur,** le verbe est au subjonctif passé :

Je suis **heureux de constater** que je ne suis pas le seul à réagir.

Il est **navrant que vous ayez laissé** passer tant de fautes d'orthographe dans votre dernier numéro.

3 ▶ Livrer son opinion – Argumenter – Concéder

> **À la recherche d'une vocation perdue**
> **Certes,** les étudiants sont de plus en plus nombreux à sécher les cours, **mais** n'est-ce pas là le symptôme d'un malaise au sein de nos universités ? Force est de constater que les professeurs ont parfois tendance à privilégier la recherche à l'enseignement. **J'estime que** les étudiants ont entièrement raison de remettre en question les priorités du système universitaire.
> Anouk Tremblay, Chicoutimi.

• **Concéder**

On reconnaît des propos ou faits comme vrais (justes) avant de s'opposer à un argument (*cf. **L'opposition et la concession,** p. 200-201*) :

– Il est vrai que ..., mais...

– Certes ..., toutefois...

– On ne peut nier que... cependant...

– Vous avez bien sûr raison de souligner... mais...

– Vous avez beau mentionner... votre argument n'est pas convaincant.

- **Approuver**

  – J'approuve l'attitude de... vis-à-vis de...

  – Je suis d'accord avec votre éditorial du mois dernier traitant de...

  – Il me semble que votre article reflète bien... / illustre bien...

  – Ce reportage... offre un point de vue intéressant sur...

  – Vous exposez clairement et avec une ouverture d'esprit une vision des choses peu commune.

- **Désapprouver**

  – Je désapprouve totalement votre initiative...

  – Je suis en total désaccord avec les propositions avancées par...

  – Je ne suis pas tout à fait certain que... (+ subjonctif) [doute]

  – Permettez-moi de vous dire que je ne partage pas votre opinion quant à...

  – J'avoue ne pas apprécier...

  – Ce point de vue est à mon sens / selon moi / à mon avis très politisé.

  – Votre exposé de la situation démontre un manque de...

4 ▶ Rapporter les propos de quelqu'un

Le lecteur rapporte souvent les propos d'un journaliste ou d'une personnalité avant de les commenter.

Des propos en l'air ?

Le ministre de l'Éducation a déclaré qu'il allait débloquer des fonds pour subventionner les écoles francophones et qu'il envisageait la création de deux garderies dans la région. Mais en cette période de récession, où va-t-il trouver l'argent ? Dans la poche des contribuables ?

JEANNE POGNON, Montréal.

4.1 Verbes introducteurs

- avec **que + indicatif**

  – déclarer / affirmer que...

  – prétendre / soutenir / avancer que...

  – estimer / croire / penser / être convaincu / juger que...

  – (nous) apprendre / révéler / annoncer / confier que...

  – expliquer / conclure / ajouter / souligner que...

- avec **que + subjonctif / de + infinitif**
    - conseiller / recommander (généralement + de + infin.)
    - proposer / suggérer que/de...
    - demander que/de...

- avec **d'autres structures**
    - (se) demander si/pourquoi/quand... [interrogation indirecte]
    - attirer l'attention sur...
    - lancer un cri d'alarme au sujet de...
    - mettre en garde contre...

4.2 Concordance des temps pour le discours rapporté

▷ **Verbe introducteur au présent** → même temps qu'au style direct.

« L'homéopathie **est** [présent] la médecine de demain », explique-t-il.

Il nous **explique** [présent] que l'homéopathie **est** [présent] la médecine de demain.

▷ **Verbe introducteur au passé** → le temps change.

✓ **présent → imparfait**

Il a déclaré : « La communauté n'**est** [présent] pas au courant. »

Il **a déclaré** [passé] que la communauté n'**était** [imparfait] pas au courant.

✓ **passé composé → plus-que-parfait**

Elle a affirmé : « Nous **avons eu** [passé composé] tort d'insister. »

Elle **a affirmé** [passé] que nous **avions eu** [plus-que-parfait] tort d'insister.

✓ **imparfait → imparfait**

Les députés ont avoué : « Quand nous **siégions** [imparfait] au parlement, la situation **était** [imparfait] différente. »

Les députés **ont avoué** [passé] que quand ils **siégeaient** [imparfait] au parlement, la situation **était** [imparfait] différente.

✓ **futur simple → conditionnel présent**

La ministre a ajouté : « Nous **sortirons** [futur] de cette crise. »

La ministre **a ajouté** [passé] que nous **sortirions** [cond. prés.] de cette crise.

✓ **futur antérieur** ⟶ **conditionnel passé**

Elle a précisé : « L'immobilier reprendra dès que les taux d'intérêts **auront baissé** [futur ant.]. »

Elle **a précisé** [passé] que l'immobilier reprendrait dès que les taux d'intérêts **auraient baissé** [cond. passé].

✓ dans la langue courante, **le subjonctif ne change pas**

Il a dit : « Il vaut mieux que nous **attendions** [subj. prés.] les résultats de l'enquête. »

Il **a dit** [passé] qu'il valait mieux que nous **attendions** [subj. prés.] les résultats de l'enquête.

5 ▶ Poser des questions

Les questions en fin de lettre permettent de relancer ou d'ouvrir le débat et d'interroger le rédacteur comme le lecteur éventuel.

Une structure interro-négative (interrogation à la forme négative) permet par ailleurs de poser comme **irréfutable** l'argument qui sous-tend tout le raisonnement. Il est en effet difficile de répondre « non » à une question telle que :

Le français n'est-il pas une langue passionnante ?

Un fauteuil roulant à l'école

J'ai lu avec beaucoup d'intérêt votre numéro de décembre, et je tiens à féliciter notamment Michel Larue pour son article émouvant sur l'intégration des enfants handicapés. Il faut toutefois souligner qu'il reste beaucoup à faire surtout au sein des écoles maternelles et primaires. **Pourquoi les conseils scolaires et les associations de parents d'élèves ne se penchent-ils pas davantage sur la question ? Le respect des enfants n'est-il pas quelque chose de primordial ?**

MONA POIRIER, Halifax.

6 ▶ Émettre des suggestions

• **Le conditionnel**

– Il me semble qu'il serait normal de...
  (+ infinitif)

– Peut-être serait-il temps de... ?
  [peut-être + inversion]

– Il faudrait que... (+ subjonctif)

– J'apprécierais grandement que...
  (+ subjonctif)

Pourrait mieux faire...

Je viens de découvrir votre revue et je tiens à communiquer tout l'intérêt que j'y ai porté. **J'aimerais cependant apporter des suggestions** quant à son contenu et à sa forme. Il me semble par exemple qu'elle **serait plus attrayante si** vous adoptiez une mise en page plus aérée avec des sous-titres détachés du texte. **Ne pourriez-vous pas** par ailleurs créer une rubrique *Recherches* ? Celle-ci **pourrait** se donner comme mission de répondre aux questions des professionnels de l'éducation.

ÉRIC MONTAGNIER, La Nouvelle-Orléans.

- **L'interro-négation**
  - Ne devrait-on pas... ?
  - Votre rédaction ne pourrait-elle pas... ?
  - Ne serait-il pas préférable de... ?
- **Autres**
  - Et si vous invitiez les lecteurs à... ?
  - Que l'on fasse quelque chose !

RÉPONSES DE LA RÉDACTION

La rédaction répond parfois à la lettre d'un lecteur. Elle y apporte des rectificatifs, des compléments d'information, adresse ses excuses, etc.

Un hospice modèle

Je trouve scandaleux que vous ayez parlé ainsi de l'hospice de... J'y travaille depuis trois ans comme bénévole et je peux vous assurer que ce n'est pas du tout l'« institution de la honte » que vous décrivez. Le personnel d'encadrement est très professionnel : une infirmière pour dix personnes, sans compter la quinzaine de bénévoles comme moi-même qui viennent chaque jour tenir compagnie aux personnes âgées. Un médecin est toujours présent pour les urgences et les locaux sont agréables et bien entretenus. Le seul reproche que l'on puisse faire, c'est que les chambres sont un peu étroites. Mais nos pensionnaires peuvent profiter à tout moment des salles communes. Je vous conseille donc de vérifier vos sources avant de publier de tels mensonges !

SYLVIE RAMONET, Lausanne.

Réponse de la rédaction

Après enquête, nous confirmons que la situation s'est nettement améliorée à l'hospice et nous saluons la générosité et le courage de sa nouvelle direction ainsi que de tout le personnel d'encadrement qui ont permis qu'il en soit ainsi. **Nos sources** dataient d'il y a cinq ans, époque à laquelle l'institution en question avait été menacée de fermeture pour raison d'hygiène. **Toutes nos excuses** pour cette malencontreuse confusion.

EXERCICES

1. Tentez de retrouver la structure de la lettre ci-après en répondant aux questions suivantes :

a) De quoi traitait l'article auquel la lectrice fait allusion dans sa lettre ?

b) La lectrice approuve-t-elle l'auteur de l'article ?

c) Quel est son raisonnement ?

Juste une idée

Permettez-moi de vous dire que je ne partage pas les conclusions quant à l'opportunité d'instaurer la semaine de quatre jours. Certes, le raisonnement se tient dès lors que vous ne l'envisagez que comme palliatif à la crise et, plus précisément encore, comme solution aux problèmes d'une entreprise dans l'obligation de licencier. Cette vision est à mon sens trop restrictive. C'est méconnaître que le problème de l'emploi n'est plus seulement conjoncturel. Les progrès technologiques, les gains de productivité qu'ils engendrent feront que le retour de la croissance ne résorbera pas le chômage. [...] C'est méconnaître aussi qu'il existe des entreprises en bonne santé. Certaines d'entre elles seraient tenues d'embaucher pour rentabiliser leurs installations. Combien d'usines tournent-elles déjà sept jours sur sept ? La semaine de quatre jours n'est pas une recette parmi d'autres. Il s'agit d'une idée qui doit s'inscrire dans une nécessaire réflexion sur l'organisation sociale de demain.

ANNIE JOLY, Roussillon.

(L'Événement du jeudi, 25 nov. – 1er déc. 1993.)

---

2. Mettez les verbes entre parenthèses au temps et au mode qui conviennent.

1. Les chercheurs affirment qu'un réseau d'amis (être) _____ une condition de stabilité dans les relations conjugales.

2. Votre page de couverture du 15 septembre nous (frapper) _____ .

3. Je ne (pouvoir) _____ contenir mes inquiétudes devant ce qui me (paraître) _____ être une propagande sans fondement.

4. Je (lire) _____ avec grand intérêt l'article sur la récession et plus particulièrement l'opinion de l'expert Alain Ouellet. Je (s'étonner) _____ de sa vision étroite des choses.

5. (légaliser) _____ toutes les drogues ! Que la loi (intervenir) _____ pour réprimer les comportements dangereux. Que l'État (rendre) _____ les utilisateurs responsables des coûts qu'ils (occasionner) _____ à la société.

6. Je (aimer) _____ vous dire combien je (apprécier) _____ votre dossier de presse.

7. Il est regrettable que le journaliste _____ (oublier) de mentionner le nom du réalisateur de ce superbe film.

8. Je crois que vous étiez trop optimiste lorsque vous avez annoncé que la récession _____ (ne pas durer) plus de 2 ans.

3. Mettez les verbes entre parenthèses au temps et au mode qui conviennent.

1. J'aimerais que votre correspondant _____ (aller) mener une enquête semblable à Toronto.

2. Il est probable que nous _____ (avoir) à faire face à des situations similaires dans un proche avenir.

3. Voulez-vous que je vous _____ (dire) franchement ce que j'en pense ?

4. Pourvu que nos politiciens _____ (comprendre) !

5. Je déplore que vous _____ (ne pas consacrer) davantage d'articles à ce sujet dans les numéros précédents.

6. Je suis persuadé que ces craintes _____ (être) bien fondées.

7. J'espère que vous me _____ (pardonner) mon audace de lecteur en colère.

8. Je crains malheureusement qu'un tel projet _____ (susciter) de nombreuses controverses.

9. J'estime que de tels propos _____ (ne pas valoir) la peine d'être publiés.

4. Exprimez votre accord ou votre désaccord quant aux faits suivants. Variez les tournures (utilisez tantôt le style personnel, tantôt le style impersonnel).

1. Il est normal que certains commerçants ne fassent pas payer la taxe de vente aux consommateurs qui règlent comptant.

_____

2. Il sera désormais interdit de fumer dans tous les centres commerciaux.

_____

3. Les enseignants devraient suivre des stages de formation tous les cinq ans.

_____

4. Le hamburger-frites correspond à ce que l'on pourrait appeler un repas santé.

_____

5. Toutes les automobiles devraient fonctionner à l'électricité.

_____

5. Transposez les déclarations/interrogations suivantes au style indirect :

1. Lors d'une émission télévisée, un peintre a demandé : « Les débats actuels sur l'art contemporain servent-ils à justifier de nouvelles coupures dans l'aide aux artistes ? » Il a souligné : « L'art crée beaucoup plus d'emplois qu'on ne le pense : dans les galeries, les musées... »

_____

_____

2. Un joueur de hockey a révélé récemment à la presse : « J'ai signé un contrat qui me rapportera 2,2 millions de dollars par année pendant cinq ans. »

_____

_____

3. Un retraité particulièrement « actif » a expliqué : « Le bénévolat m'a permis de réaliser des ambitions que je n'ai jamais pu satisfaire au bureau. C'est aussi une façon de me revaloriser, de me prouver que je peux encore être utile. »

_____

_____

4. « Nous avons beau montrer l'atrocité des combats à la télévision, se sont écriés les journalistes, personne ne réagit ! »

_____

_____

PRODUCTION DE TEXTES

1. Vous trouverez ci-dessous des extraits de « L'université se dégrade-t-elle ? », interview avec le Dr Guindon parue dans *L'actualité* en février 1994.
Réagissez aux propos de ce dernier dans une lettre dans laquelle vous rapporterez (au passé) certaines de ses remarques :

1. « Des milliers d'étudiants ne savent pas vraiment ce qu'ils font. Ils vont à l'université parce que c'est plus valorisant que de ne pas y aller. »

2. « Trop de ressources ne sont-elles pas gaspillées au service des étudiants qui devraient être exclus de l'université ? »

3. « Si le professeur ne gonfle pas les notes, les étudiants fuient ses cours et se plaignent à la direction. »

4. « Il faudrait repenser la charge normale des cours. Le système des prêts et des bourses contraint l'étudiant à prendre au moins quatre cours pour y être admissible. Or l'étudiant qui travaille a 20 heures de moins par semaine à consacrer à ses études. »

5. « Aujourd'hui, le professeur donne son cours, fait passer des examens. Il n'y a plus d'apprentissage par le dialogue entre maître et élève. Résultat : l'ennui. »

6. « *L'actualité* : Les exigences universitaires ont-elles baissé ?

   H. G. : Elles ont baissé. »

2. Quelle est votre réaction ? Donnez, en quelques lignes, votre opinion sur les commentaires ou événements suivants. N'hésitez pas à poser des questions ou à émettre des hypothèses.

1. On doit légaliser la drogue.

2. Les médecines alternatives ont leur place dans notre système médical.

3. Les étudiants étrangers ne seront plus couverts par notre système de santé.

4. Le partage du travail est une solution au problème du chômage.

5. Les sportifs professionnels gagnent trop.

3. Après avoir choisi un article d'un magazine francophone, adressez à la rédaction une lettre dans laquelle vous réagissez au contenu de l'article en question. N'oubliez pas de poster votre lettre !

FICHE CRITIQUE

Les étudiants compléteront cette fiche après avoir lu l'article de leur choix.

Rubrique :

Titre :

Nom du magazine ou quotidien :

Nom du journaliste :

Explication du titre (si pertinent) :

Présentation de l'article (ayez recours à au moins quatre des verbes introducteurs suivants : examiner, faire une analyse minutieuse, porter/jeter un regard sur, démontrer, décrire, être une critique de..., faire une rétrospective...) :

Commentaires critiques (style, objectivité, intérêt, originalité, exactitude des faits) :

Vos questions ou suggestions :

Mots nouveaux :

convaincre

CONCÉDER – COMPARER

La presse regorge de documents publicitaires. Dans les magazines (hebdomadaires, mensuels ou bimensuels) sont souvent insérés des suppléments publicitaires ou des **dépliants** (brochures) de plusieurs pages. Détachables, ces documents destinés à promouvoir des services bancaires, des compagnies d'assurances, ou, selon le magazine, des grands magasins et des compagnies aériennes, font aussi fonction de documents de référence, à consulter à l'occasion.

La plupart des **annonces publicitaires** sont toutefois assez **courtes** — une demi-page à deux pages (page double). Elles sont intercalées entre les articles et accompagnées d'une photographie, d'une image ou d'un dessin **(message iconique).**

8

L'écrit publicitaire

Quel que soit son format, chaque document publicitaire a été conçu avec soin de manière à **attirer l'attention du lecteur** et à le **convaincre.** Les écrits publicitaires sont en effet des **écrits argumentatifs** fortement marqués. Leur seul objectif : **persuader avant tout le consommateur** potentiel qu'il doit recourir aux produits ou aux services offerts.

Mais comment fonctionne l'argumentation publicitaire ? Quelles sont les stratégies adoptées et dans quelle mesure celles-ci peuvent-elles être exploitées pour la rédaction d'autres types de textes argumentatifs ?

UNE ARGUMENTATION CENTRÉE SUR LE DESTINATAIRE

Dans toute argumentation, il est essentiel d'obtenir rapidement **l'adhésion du lecteur** (ou de l'interlocuteur). Ceci est d'autant plus vrai pour la publicité que c'est de l'adhésion du lecteur que dépend la vie du message publicitaire et parfois même celle du produit en question. L'annonce doit donc **capter puis garder l'attention du client potentiel.** Même si celui-ci ne se laisse pas convaincre, il retiendra probablement le nom ou la marque du produit. Mais comment gagner l'adhésion du client potentiel ?

▶ Exploitation de l'image du client potentiel

L'adhésion du lecteur (et donc du client potentiel) se gagne surtout par l'**exploitation de l'image que le publiciste se fait de lui.** En effet, les arguments, tant visuels que textuels, ne sont pas choisis au hasard : **il est important que le lecteur puisse se reconnaître dans le portrait du consommateur** présenté implicitement par l'annonce publicitaire, qu'il **se sente concerné.**

▷ On comprend ses **soucis,** ses **problèmes** et donc ses **besoins :**

> **Pour vous, fonder une famille était un pas vers l'avant.** Conduire une berline familiale devrait l'être tout autant.

> **Vous souhaitez réussir en affaires** tout en ayant **plus de temps à consacrer à ce qui vous est cher ?**

> Recette infaillible pour **Père (ou Mère) Noël qui n'a pas de temps à perdre.**

▷ On utilise un **ton** ou un **niveau de langue** correspondant à la clientèle visée :

> Pour un **look cool :** [marque de jeans]

> La réussite mène le monde. Nous souhaitions **beaucoup plus que de simplement redéfinir les normes** de construction des voitures nord-américaines. Nous voulions d'abord et avant tout vous offrir **le summum de puissance,** de confort et de sécurité. [marque de voiture de luxe]

▷ On part d'une **affirmation,** d'une **vérité** qui ne pourra être rejetée :

> **Un outil n'est aussi solide que la garantie qui le protège.** Lorsque vous travaillez le bois ou que vous réparez votre voiture, vous aimez savoir que vos outils tiendront le coup. C'est pourquoi...

> **On parle de plus en plus des années 90 comme d'une période marquée par un profond changement de valeurs.** Une période où les gens vont remettre en question la course à la possession d'objets et réajuster leurs habitudes de dépense. Si ces prédictions se concrétisent, aucune autre voiture n'est alors plus adaptée à son époque que...

▷ On **anticipe les objections et les questions** du lecteur, on fait des **concessions** (*cf. L'opposition et la concession,* p. 200-202) :

> Vous pouvez **même** obtenir une avance de fonds d'urgence.
> [publicité pour une carte de crédit — réponse à l'objection : « Je ne pourrai pas l'utiliser en cas d'urgence. »]

> Cet ordinateur s'installe **aussi facilement qu'**on branche le **grille-pain.**
> [On anticipe l'objection : « C'est trop compliqué pour moi. »]

> [**Certes,** cette crème n'éliminera pas toutes vos rides, **mais**] elle fera disparaître près de 60 % de vos rides.

▷ On exploite des **thèmes, problématiques, références culturelles chers au lecteur** (économies, sauvegarde de l'environnement...) :

> Climatisation sans fréon, pour contribuer à la **conservation de l'environnement...** [publicité pour une marque de voiture]

 Notez bien

Les stratégies publicitaires exposées ci-dessus peuvent en fait être appliquées à n'importe quel discours argumentatif. Pour être convaincant, il importe

- de **capter l'attention du lecteur** dès les premières phrases
- de **garder en tête** pendant toute l'argumentation **l'image du destinataire** à convaincre
- d'utiliser **un style ou un niveau de langue approprié**
- de prévoir et d'**anticiper les objections du lecteur**

Si l'impératif et la deuxième personne sont des procédés communément utilisés par l'écrit publicitaire, ils sont toutefois moins fréquents dans les autres types d'écrits argumentatifs (sauf peut-être pour certains documents politiques du type propagande électorale).

EXERCICES

1. **Observez attentivement la publicité de la page ci-contre. Analysez les mots et les arguments choisis et regardez bien l'image. Tentez ensuite de répondre à ces questions :**

    – Quels sont les clients visés ? À quoi pouvez-vous le déterminer ?

    – Quels sont leurs soucis, leurs besoins ?

    – Quels sont les arguments qu'ils ne pourront rejeter ?

    – Quelles sont les objections ou les questions anticipées ?

    (Pour la réponse, consultez la page 120.)

2. **Choisissez une publicité courte dans un magazine francophone. Posez-vous les mêmes questions que ci-dessus puis répondez-y.**

3. **Vous êtes chargé(e) de rédiger le texte d'une annonce publicitaire pour :**

    – une marque de chaussures de sport

    – une boisson gazeuse non sucrée

    – un appareil-photo ultra-moderne

    – un savon pour la vaisselle

    – des voyages organisés

    – des matelas tout confort

    Comment allez-vous procéder pour gagner rapidement l'adhésion des clients potentiels ? Rédigez les premières lignes de l'annonce publicitaire.

4. **Vous êtes chargé(e) de la rédaction d'un article dans lequel vous discuterez de l'un des problèmes suivants :**

    – la destruction de la forêt amazonienne

    – l'utilisation des animaux dans les expériences scientifiques

    – la liberté d'expression dans les institutions universitaires

    Après avoir défini votre public et réfléchi aux arguments que vous allez avancer pour défendre votre position, déterminez les stratégies que vous allez adopter pour capter et garder l'attention de votre lecteur. Quelle sera votre entrée en matière ? Quel ton allez-vous adopter ? Quelles sont les objections qui pourraient être émises et que vous allez devoir prévenir ?

SÉRIE RÊVE N° 3 : AVENTURE

Le monde du rêve…des rêveurs…des magiciens du rêve.
Le forfait vacances du Club Med comprend le transport aérien aller et retour, l'hébergement au village, trois repas gastronomiques tous les jours avec vin et bière servis à volonté au déjeuner et au dîner, un programme complet d'activités sportives avec tout l'équipement qu'il faut

et des moniteurs accrédités, ainsi qu'une variété de divertissements nocturnes tels des cabarets, des spectacles variés et des soirées disco.
Pour vous renseigner ou faire une réservation, appelez votre agent de voyages ou communiquez avec le Club Med sans frais, au **1-800-363-6033.**

Club Med

ET SI LE VRAI MONDE RESSEMBLAIT À CELUI-CI.

RAISONNEMENT IMPLICITE DE L'ARGUMENTATION PUBLICITAIRE

1 ▶ Le schéma argumentatif traditionnel

Comme dans tout autre type d'argumentation, l'argumentation publicitaire repose sur un schéma du type :

– **Prémisses**	Faits, opinions, généralités qui constituent le **point de départ,** le **terrain d'accord** préalable à l'argumentation
– **Thèse**	Croyance à laquelle on veut amener l'auditoire ou le lecteur
– **Arguments**	Faits, opinions **apportés à l'appui de la thèse** et organisés en forme de raisonnement
– **Contre-arguments**	Arguments contraires qu'il faut examiner avant de les rejeter (objections que l'on doit anticiper)

↳ Ainsi, pour la publicité du *Club Med* de la page 119, on reconstruira le schéma argumentatif suivant :

– **Prémisses**	Vous travaillez trop, vous avez besoin de changer de cadre, d'évasion, de vacances : « Un monde différent vous attend », « Et si le vrai monde ressemblait à celui-ci ».
– **Thèse**	Vous avez besoin de vacances au Club Med.
– **Arguments**	Le Club Med vous offre « un monde de rêve » ; vous n'aurez besoin de vous soucier de rien (« servis à volonté ») ; le Club Med répondra à tous vos désirs (« programme complet »).
– **Anticipation des contre-arguments**	Certes, le prix est élevé, mais vous n'aurez pas besoin d'argent une fois sur place puisque « le forfait vacances comprend tout ».

 N. B. La thèse est en fait la conclusion à laquelle on veut amener le client.

2 ▶ Un raisonnement en trois temps

Toute argumentation publicitaire prend pour point de départ de son argumentation (prémisse) un **manque** ou un **besoin à combler** de manière à faire prendre conscience au client potentiel que le produit ou le service en question lui est **indispensable.**

Le raisonnement sous-jacent (sous-entendu) à toute argumentation publicitaire peut donc se résumer sous la forme d'un **syllogisme *** du type :

Vous avez besoin de X / vous voulez X.

— **Or,** le produit Z avec toutes ses caractéristiques vous offre X.

— **Donc,** (si vous voulez X) achetez Z.

---

* On appelle *syllogisme* tout raisonnement dans lequel la mise en rapport de deux énoncés avec un troisième permet d'établir un lien logique entre les deux premiers énoncés. *Or* équivaut à *Et justement.*

— **Vos besoins** (prémisses)	Vous désirez une voiture puissante, luxueuse et à un prix des plus intéressants.
— **Ce qu'offre le produit** (arguments)	**Or (= justement),** la nouvelle... [voiture] avec son moteur V6 de 3,5 L, sa suspension indépendante, son climatiseur à deux zones, son tableau de bord sophistiqué et ses lignes aérodynamiques vous offre le meilleur rapport qualité/prix.
— **Vous avez donc besoin de ce produit** (thèse)	Donc, (si vous voulez une voiture puissante et luxueuse à un prix intéressant) achetez la nouvelle...

☞ À VOUS !

Retrouvez le raisonnement de type syllogistique qui se cache derrière cette publicité :

> *Toute la journée, vous étiez sur la route. Le message important que vous attendiez s'est perdu...*

> Avec la messagerie vocale de..., l'information ne se perd plus. Que vous soyez sur la route, chez un client, n'importe où, vous pouvez prendre vos messages 24 heures sur 24 en communiquant avec votre boîte vocale personnelle. Les petits papiers s'envolent... mais les paroles restent.

3 ▶ Un raisonnement à reconstruire

Le raisonnement destiné à convaincre l'acheteur potentiel n'est pas toujours très explicite. Certains **arguments sont sous-entendus** et les **articulateurs (liens logiques) ne sont pas toujours exprimés.**

Il s'agit là d'une stratégie du publiciste qui cherche à **faire reconstruire au lecteur tout le raisonnement argumentatif :** le lecteur pourra difficilement rejeter des arguments qu'il aura lui-même avancés !

3.1 Présuppositions culturelles et sociales

La reconstruction (souvent inconsciente) du raisonnement implicite du message publicitaire se fera généralement à partir de **présuppositions culturelles et sociales** connues du publiciste comme du lecteur (connaissance de la concurrence, notamment).

LA MONTRE QUI RÉPOND AUX EXIGENCES DE NOTRE ÉPOQUE

Pas de détails frivoles. Pas de design tape-à-l'œil. La montre de la marque Swiss Army originale. Un cadran à gros chiffres faciles à lire, qui affiche l'heure sans attirer l'attention. Mouvement à quartz suisse précis. Aiguilles et graduations lumineuses au tritium. Trotteuse. Dateur. Verre de montre minéral trempé. Étanchéité jusqu'à 330 pieds. Lunette rouge, noire ou polie, au choix. Comme le couteau original de l'armée suisse, cette montre est conçue avec un souci non pas d'effet, mais d'efficacité.

Présuppositions de la publicité ci-contre :

- **Connaissance des « exigences de notre époque » :** grande importance accordée à l'exactitude, à la ponctualité et à l'efficacité (progrès, vitesse...), d'où la « trotteuse » et le « dateur ». On encourage aussi le sport ; or, cette montre résiste aux coups et à l'eau (« verre minéral trempé », « étanchéité »).

- Grande **réputation** de l'horlogerie suisse : c'est une montre suisse, c'est donc une montre de qualité sur laquelle vous pouvez compter.

- **Popularité d'un autre produit,** le canif suisse, durable et pratique : si vous avez apprécié le côté pratique et la durabilité du couteau de l'armée suisse, vous apprécierez cette montre (« souci non pas d'effet, mais d'efficacité »).

- **Connaissance de la concurrence** qui accorde trop d'importance au design : « Pas de détails frivoles. Pas de design tape-à-l'œil. » Contrairement aux autres montres, la montre Swiss Army est discrète et simple.

3.2 Mise en valeur du produit

Parmi les objections que le discours publicitaire doit anticiper, les plus fortes sont : « Ce produit ne m'intéresse pas » ou « Je peux trouver mieux ailleurs. »

Il est donc important que la publicité **mette en valeur** le produit ou le service offert, et que celui-ci soit présenté comme :

- **nouveau**
- **unique (sans pareil)**
- **bien meilleur que celui proposé par la concurrence**

C'est ce que l'on appelle le processus de **singularisation.**

Désormais, voici ce qui vous donnera **le plus près des rasages.**

Le <u>nouveau</u> Gillette SensorExcel et ses fines lamelles flexibles, pour le rasage **le plus près qui soit.**

nouveauté

supériorité / unicité du produit

Gillette présente une <u>toute nouvelle</u> technique de rasage **sans pareille.** Nous avons d'abord pris le Sensor [ancien modèle], avec ses lames jumelées montées sur ressorts, qui s'adaptent à votre visage. Puis, nous y avons apporté une remarquable <u>innovation</u> : de fines lamelles, que nous avons placées devant les lames. Ces lamelles, douces et flexibles, tendent délicatement votre peau et dressent les poils de votre barbe, pour un rasage aussi précis qu'agréable. De plus, le <u>nouveau</u> manche et la tête pivotante du SensorExcel permettent *une plus grande maniabilité et une meilleure maîtrise.* Résultat : le rasage **le plus près et le plus agréable que vous ayez jamais connu.** Procurez-vous le Gillette SensorExcel et rasez-vous de **plus près que jamais.**

*comparaison
à l'ancien modèle /
à la concurrence*

Pour cette singularisation ou mise en valeur du produit, l'argumentation publicitaire a généralement recours à des expressions de **comparaison** (*cf. La comparaison,* p. 165-173) :

- **Unicité / supériorité du produit**

    – le seul à... (+ infin.)

    – sans pareil(le)

    – personne d'autre que... ne...

    – personne ne peut... mieux/autant que...

        Personne ne peut vous emmener vers **autant de** villes américaines **que...**

    – plus/mieux que jamais

    – mieux que personne

    – le meilleur, le mieux, le plus... (superlatifs)

    – le spécialiste de...

• **Supériorité relative**

Comparaison à l'ancien produit ou à la concurrence

– mieux/meilleur/plus... que... (comparatifs)

Opposition à la concurrence

– Contrairement à...

Contrairement à tout autre constructeur d'ordinateurs, nous vous offrons une garantie de trois ans.

• **Nouveauté**

– le (tout) nouveau...

– un concept révolutionnaire

Un caméscope si **révolutionnaire** qu'il n'a même pas de viseur. Voici le seul caméscope au monde avec un écran couleur à ACL à la place du viseur. Le **nouveau...** n'a rien d'un caméscope ordinaire. **Disparu le vieux** viseur. **Remplacé par...**

☞ **À VOUS !**

Dans la publicité suivante, relevez les procédés de singularisation. Déterminez leur nature (comparatifs, superlatifs...) et leur fonction (unicité, comparaison à la concurrence...)

Nous vous offrons tant parce que l'Europe a tant à vous offrir.

Aucune autre compagnie aérienne ne dessert aussi bien l'Europe que Lufthansa. À partir de cinq points d'accès au Canada, nous rejoignons un plus grand nombre de villes européennes en demande, soit plus de 100 destinations, y compris 16 villes d'Europe centrale de l'Est. La qualité de notre service dans les airs n'a d'égale que celle de notre service sur terre. Nous offrons les correspondances les plus efficaces d'Europe, à partir de Francfort.

Et pour mieux vous servir, nous n'enregistrons vos bagages qu'une seule fois pour tout le voyage et vous donnons dès le départ toutes vos cartes d'embarquement jusqu'à votre dernière destination à bord de Lufthansa. Service supérieur et nombreuses destinations européennes font de Lufthansa l'expert de l'Europe.

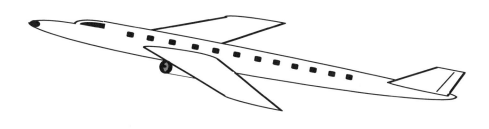

PRODUCTION DE TEXTES

1. Rédigez une annonce publicitaire pour une imprimante au laser en gardant en tête les éléments suivants.

public visé	personnes qui travaillent à domicile
arguments	qualité de l'impression ; travail aussi « professionnel » qu'au bureau...
contre-arguments	une imprimante, c'est encombrant, difficile à installer, cher, vite dépassé ; une imprimante, ça tombe facilement en panne

2. Rédigez une annonce publicitaire de lessive pour linge délicat en vous inspirant du canevas d'information ci-dessous (n'oubliez pas d'anticiper les objections éventuelles !).

public visé	mères avec un bébé
singularisation	
– unicité	donne un éclat sans pareil au linge
– supériorité absolue	la lessive la plus « verte », la moins polluante
– comparaison	a un parfum plus délicat que les autres lessives abîme moins les vêtements
– nouveauté	emballage révolutionnaire : peut se convertir en accessoire de rangement

3. À partir de l'une des photos suivantes, élaborez une publicité pour :

– une assurance-vie	– une agence immobilière
– des meubles	– une assurance de voyage

EXERCICESEXERCICESEXERCICESEXERCICESEXERCICESEXERCICESEXERCICESEXERCICESEXERCICESEXERCICESEXERCICESEXERCICES

raisonner argumenter

9

EN BREF...

Nos lectures nous exposent quotidiennement à un éventail de textes d'idées, qu'il s'agisse d'**articles de presse,** de **publications scientifiques, juridiques ou littéraires** ou même d'ouvrages de **fiction.** Mais nous sommes nous aussi souvent contraints, dans le monde du travail ou des études, à rédiger des textes raisonnés sur des sujets variés : **rapports, projets, essais, dissertations, lettres de protestation...**

Il s'agit là généralement de textes à **caractère argumentatif** dans lesquels on expose un problème et défend une thèse pour aboutir, sinon à des solutions, du moins à une conclusion. Ils se doivent donc d'être des plus **convaincants.**

Nous avons vu dans le chapitre précédent *(L'écrit publicitaire),* que pour convaincre il était important de prendre comme point de départ **(prémisse)** de son raisonnement une information/vérité/croyance **reconnue des destinataires,** ce afin d'entraîner ces derniers dans sa réflexion et de les faire aboutir aux mêmes **conclusions** que soi. Nous avons souligné par ailleurs qu'il importait d'**anticiper les objections** que le lecteur pourrait apporter aux arguments avancés.

Cependant, comme nous allons le voir dans ce chapitre, la force d'un texte bien argumenté tient aussi à la **rigueur,** à la **cohérence** et à la **logique du raisonnement adopté.**

Notes de vocabulaire du texte ci-contre :

(1) **en** renvoie à **caverne**

(2) nantie : pourvue de richesses
    les nantis = les riches

(3) les aménités : les douceurs de la vie

(4) la griserie : l'exaltation

(5) l'urbanité : la politesse, le respect de l'autre

(6) panse rebondie : gros ventre traduisant un
    excès de nourriture

(7) de la sorte : de cette manière

(8) expression de souhait équivalente à
    « qu'ils puissent comprendre »

N. B. Les lettres, dans la marge, correspondent aux étapes du raisonnement. Voir p. 132.

Le bonheur en plus

A L'heureux Ali Baba n'aurait jamais rêvé si belle caverne que celle de notre monde moderne peuplé de constructions admirables et de machines surprenantes. Un monde dans lequel les choses sont si parfaites que les hommes sont presque de trop. Une caverne pourtant.

5 **B** Il appartiendra à nos enfants, héritiers de nos richesses et de nos erreurs, d'en (1) sortir. Nous leur léguons tous les moyens. [...] Nulle génération n'aura été si bien nantie (2). Mais, pour que l'histoire soit tout à fait morale, ils ne pourront jouir de ces biens qu'à la condition de réussir l'épreuve de vérité. S'ils sont capables de préférer sans hésitation le regard de l'amitié au sourire de la domination, la disponibilité de soi à la possession des objets, l'aménité (3) de la vie à la griserie
10 (4) de la puissance, alors ils auront le plus large accès au bonheur. Mais s'ils font le choix inverse, leur sort sera moins enviable que le nôtre.

C N'est-il pas frappant de constater que nous manifestons tant d'agressivité, de tensions et de frustrations au milieu de nos prospérités alors que l'on rencontre tant de gentillesse, d'urbanité (5) et d'hospitalité dans des sociétés beaucoup plus misérables. Le moindre marché africain, la plus
15 simple place de village arabe donnent une leçon de savoir-vivre à nos Champs-Élysées, pour autant que le choc du monde moderne n'ait pas complètement dissocié le cadre traditionnel. Pourquoi faut-il que deux paysans kabyles trottant sur leurs bourricots se saluent aimablement alors que deux automobilistes en se doublant paraissent s'agresser ? Pourquoi faut-il que des hommes pauvrement vêtus, mal nourris, échangent aussi facilement des sourires amicaux, qu'ils soient si prompts à
20 partager leur gaieté alors que les hommes d'Occident, cravate de soie et panse rebondie (6), ont le visage fermé et le regard absent ?

D Naturellement, les rapports humains ne sont pas toujours aussi faciles qu'il y paraît dans les pays pauvres et ils ne sont pas aussi mauvais qu'on pourrait le croire chez nous. Il n'en reste pas moins que nous avons fondé toute notre civilisation sur les sentiments de compétition et d'insatisfaction,
25 sur les désirs de domination et de possession. Ce fut le secret de notre succès. Mais à présent que les résultats sont acquis, c'est les payer trop cher que de continuer à vivre de la sorte (7). Nous avons la possibilité de restaurer, et sur de meilleures bases, une société chaleureuse et fraternelle. Le temps n'est plus où la satisfaction de quelques-uns devait passer par la misère du plus grand nombre. Les biens matériels existent. Quand bien même nous déciderions de remplir nos obligations vis-à-vis
30 des peuples pauvres, nous aurions encore de quoi vivre à l'aise, à l'abri des besoins.

E Dès lors le problème n'est plus d'accumuler les richesses, d'augmenter le confort et de forcer la technique. En tout cas ce ne doit plus être le problème essentiel. Il s'agit avant tout de vivre et d'être heureux. Or on ne peut atteindre un bonheur authentique dans une société d'inégalités et de tensions, dans une nature sale et dévastée, dans un climat général d'avidité et de conflits. Le monde de
35 demain aura d'abord besoin de confiance, de justice, de tendresse, de beauté, de sérénité. La technique a fait ce qu'elle pouvait pour nous faciliter la vie. Mais les robots sont incompétents en matière de sentiments.

F La simple raison nous instruit aujourd'hui de ces évidences. Demain la leçon sera donnée par les faits. L'entreprise technicienne s'écarte toujours davantage de la personne humaine. Ce décalage
40 sera de plus en plus fortement ressenti. [...] [Les jeunes générations] découvriront pêle-mêle des machines fort utiles, des illusions dangereuses, mais ils ne trouveront aucun art de vivre. Puissent-ils comprendre alors (8) qu'il n'en existe pas sur la route que nous avons suivie.

G L'homme heureux n'a pas de chemise, disaient nos ancêtres lorsque les filatures n'existaient pas. C'était une sage conception de la félicité à l'ère préindustrielle. Nous savons aujourd'hui qu'il
45 est bon d'avoir une chemise et que chacun peut avoir la sienne. Il nous faut encore savoir que l'homme heureux n'a pas deux chemises. Il n'en a qu'une. Et le bonheur en plus.

(François de Closets, « Le bonheur en plus », 1974)

Voici, dans ses grandes lignes, le raisonnement du texte que vous venez de lire. En quoi celui-ci est-il, selon vous, convaincant ?

A Introduction du sujet (le bonheur dans notre monde moderne) au moyen de la métaphore de la caverne (la caverne d'Ali Baba et ses richesses / l'homme des cavernes, l'homme primitif).

B Problème posé : les générations futures ne pourront évoluer (sortir de la caverne) et connaître le bonheur qu'à la condition de ne pas commettre les mêmes erreurs que nous : l'avidité ne doit pas l'emporter sur les rapports humains.

C Argument présenté sous forme interro-négative (donc irréfutable) : les citoyens des sociétés les plus pauvres ne sont-ils pas plus souriants, plus aimables que ceux de notre monde moderne ?

   – **Illustration** au moyen d'une opposition / d'une comparaison : comportement agressif de deux automobilistes sur les Champs-Élysées et amabilité de deux paysans kabyles (habitants d'une région montagneuse d'Algérie en Afrique du Nord) sur leurs ânes.

D Anticipations des objections éventuelles :

   – **Première anticipation :** Bien sûr, il ne faut pas généraliser [concession], mais le fait est que le succès de notre société moderne est fondé sur l'avidité, situation qui peut conduire à de graves conséquences.

   – **Deuxième anticipation :** Il n'est pas trop tard pour bien faire : il est encore possible de faire preuve de chaleur et de générosité. Nous pouvons aider les pauvres sans nous retrouver dans le besoin.

E Redéfinition du problème (conséquence de ce qui précède) et **solution avancée :** il ne s'agit donc plus de rechercher la richesse mais le bonheur. Or, le bonheur est impossible dans une société matérialiste et inhumaine. C'est pourquoi le monde de demain devra privilégier les sentiments tels que la tendresse, la confiance, la sérénité...

F–G Conclusion – Synthèse

À l'avenir, le fossé entre le progrès technique et les rapports humains s'élargira, l'art de vivre disparaîtra : il faut donc espérer que les jeunes générations réaliseront que l'art de vivre est absent de l'héritage que nous leur léguons.

Pour être heureux, il ne s'agit pas de se démunir ou d'accumuler des biens, mais de savoir les partager.

CONSTRUIRE UN TEXTE ARGUMENTATIF

1 ▶ Ouvrir le débat

1.1 Mettre en contexte

Comme nous l'avons signalé dans ***L'écrit publicitaire,*** il importe, avant de défendre un point de vue, de s'assurer l'adhésion du lecteur et par conséquent d'éveiller l'intérêt de ce dernier dès le début de l'argumentation :

▷ en présentant une **information générale** qui ne pourra être rejetée. Le scripteur gagnera ainsi l'adhésion du lecteur avant d'aborder le sujet à débattre :

> **Il est devenu impossible de fournir du travail à tous.** D'où la nécessité, nous disent les politiciens, de réévaluer le temps de travail et la répartition des tâches. Mais qui serait disposé à ne travailler que 4 heures par jour pour 60 % de son salaire ?

▷ par une déclaration **controversée** qui accrochera à coup sûr l'attention :

> **L'avortement n'est pas un crime.** Voilà le principal argument des partisans de l'interruption volontaire de grossesse. Mais le problème n'est pas aussi simple. En effet...

▷ au moyen d'**anecdotes,** de **faits divers,** de **données chiffrées,** de **citations.** Le scripteur part ainsi du particulier pour introduire de façon plus générale le sujet du débat :

> **« Ma fille a un fils qui a bientôt 16 ans. Je l'ai déjà eu en nourrice, parce que ses parents étaient à Paris et n'avaient pas de nourrice. À ce moment-là j'avais 45 ans. J'étais jeune. Pour moi c'était comme mon fils. Il est un peu à nous parce qu'on l'a élevé. Pour lui, papi et mamie c'est sacré. »** Gilberte, *jeune* grand-mère de 60 ans, a sept petits-enfants. [...] Serait-ce le *retour* des grands-parents ? Les enquêtes et sondages actuels montrent que généralement ils ne sont plus ceux que l'on assiste, mais au contraire ceux vers qui l'on se tourne pour recevoir de l'aide.
>
> *(Enfants d'abord,* nov. 1993)

- **Quelques expressions :**
  - On parle beaucoup à l'heure actuelle de...
  - On s'interroge aujourd'hui sur...
  - Chacun sait que...
  - De plus en plus de personnes pensent que...
  - La plupart d'entre nous... / La majorité des francophones...   [+ verbe au pluriel]
  - Au cours des dix dernières années...
  - De nos jours... [= aujourd'hui]
  - Les derniers événements/sondages montrent...
  - Les événements de ces derniers jours viennent relancer le débat sur...

1.2 Poser le problème

On est ensuite amené à poser le problème sur lequel portera le débat / la démonstration. Le problème posé peut prendre la forme :

- d'une question posée directement ou indirectement
- d'une remise en question de propos acceptés et reconnus
- d'une (re)définition du sujet dont on va débattre :

> **Le problème n'est pas de savoir si** la réduction du temps de travail, accompagnée ou non d'une réduction de salaire, créera ou ne créera pas d'emplois. **Il est de savoir si** le progrès technique doit valoriser l'homme ou l'« Homo economicus ». En ce sens, le débat économique d'aujourd'hui cache le débat de société qui s'impose à l'homme du XXIe siècle. Chaque découverte, chaque progrès technique sont-ils faits pour accroître la richesse d'un groupe (fût-il majoritaire) ou pour soulager l'ensemble des hommes ?
>
> Lettre de lecteur, *L'Événement du jeudi,* 25 nov. – 1er déc. 1993.

- **Quelques expressions :**
  - La question est de savoir si...
  - Il faut s'interroger sur le bien fondé / la valeur de...
  - Une question qui mérite d'être approfondie/clarifiée/redéfinie
  - Une idée controversée / qui fait l'objet d'une controverse
  - Un projet de loi qui soulève un problème délicat

2 ▶ Argumenter

Argumenter, c'est avant tout exposer et défendre une opinion ou un point de vue sur un sujet choisi. Il ne s'agit donc pas de mettre bout à bout un certain nombre de déclarations visant à appuyer une thèse, mais de présenter ses arguments de manière **stratégique.**

2.1 Affirmer

La façon la plus simple de présenter un argument, c'est de le faire sous forme d'affirmation catégorique :

> Peut-on rendre les citoyens responsables du déficit en les accusant d'évasion fiscale ? **Il faut tout d'abord reconnaître que tant que le gouvernement ne rétablira pas un climat de confiance, les citoyens seront tentés de tricher.**

- **Quelques expressions :**
  - – Il est indéniable que...
  - – On ne peut nier que...
  - – Nul doute que...
  - – Il faut le reconnaître,...
  - – Il va de soi que...
  - – Il faut savoir que...
  - – N'oublions pas que... / Rappelons que...

2.2 Émettre des hypothèses (*cf. L'hypothèse,* p. 209-219)

Moins catégorique, mais tout aussi efficace, l'hypothèse permet de présenter la situation **sous un angle nouveau** et de **remettre en question** certaines idées reçues :

> **Peut-être** le sida, la sécheresse et les guerres civiles ne sont-ils pas les seuls fléaux qui touchent le continent africain. **La surpopulation ne risque-t-elle pas,** elle aussi, de conduire l'Afrique vers un chaos sans précédent ?

 N. B. « Peut-être » en début de phrase est suivi d'une inversion.

De même, placer le lecteur dans une **situation hypothétique probable** peut aider à amener ce dernier aux mêmes conclusions que soi :

> **Si** on ne contrôle pas le taux de natalité des pays en voie de développement, notre planète sera bientôt menacée de surpopulation. Il importe donc que...

- **Quelques expressions :**
  - – Ne pourrait-on pas aussi envisager/concevoir... (interro-négation + conditionnel)
  - – Si tel était le cas...
  - – Un tel argument laisse supposer que...
  - – Cette situation est probablement due à...
  - – On pourrait considérer/avancer l'hypothèse selon laquelle...

2.3 Concéder – Réfuter (*cf. L'opposition et la concession,* p. 197-204)

▷ **Concéder** avant de s'opposer est une démarche essentielle dans tout travail d'argumentation. En effet, pour convaincre davantage son lecteur (ou interlocuteur), il est bon de **reconnaître la validité de certains arguments** que l'on pourrait objecter. On y apportera alors d'autres éléments d'information qui permettront d'ouvrir le débat.

– Il est vrai / il est exact que...

– J'admets que... / je reconnais que...

– (Oui,) effectivement... (s'emploie pour renforcer une affirmation)

– En effet...

– Certes...

– Il est certain que...

– Évidemment...

▷ **Réfuter** un argument signifie qu'on s'y oppose : on **détruit partiellement ou totalement la thèse adverse.** On y apporte une **nouvelle orientation,** une autre façon de voir les choses, une réévaluation des données qui prend souvent la forme d'une interrogation (parfois ironique).

– Tout de même...

– Seulement... (en tête de proposition, introduit une restriction/atténuation)

– Il n'en demeure pas moins que... (pour nuancer un point de vue)

– Toutefois / cependant / malgré tout...

> Les municipalités ne devraient-elles pas financer davantage les organismes culturels ? **Certes,** la création et l'entretien d'un musée coûtent cher. **Toutefois,** n'est-ce pas là une priorité pour satisfaire aux besoins culturels de toute ville ?

2.4 Anticiper une objection, une réaction

Il est important aussi d'**anticiper la réaction du lecteur** et de prévoir ses **objections éventuelles** afin de pouvoir consolider l'argumentation.

> « Comment allons-nous payer sans mettre en danger la vie de l'entreprise ? » Par une stagnation du revenu du capital. **Ah, la belle indignation que je vois poindre. Plus moyen de spéculer.** Faux argument.
>
> Lettre de lecteur, *L'Événement du jeudi,* 25 nov. – 1er déc. 1993.

2.5 Illustrer – expliquer

Une explication, un exemple, une anecdote, un sondage ou une information permettent de consolider et d'appuyer un argument qui se base alors sur des données réelles et concrètes plus proches du lecteur. Le scripteur puisera quantité d'illustrations dans sa vie personnelle, la société en général, la vie économique, politique, scientifique, culturelle, ou encore l'histoire.

> Le Premier ministre devra tenir compte d'une situation financière plus serrée que prévu. **En effet,** au lieu d'un surplus d'une vingtaine de millions de dollars, c'est vers un déficit de 700 millions qu'on s'achemine cette année.

- **Quelques expressions** pour introduire ces illustrations :
    - En effet...
    - C'est le cas notamment de...
    - D'ailleurs...
    - Prenons l'exemple / le cas de...
    - Ainsi,...
    - Considérons par exemple...

2.6 Définir

▷ **Définir un terme ou un concept**

Afin d'éviter tout risque d'ambiguïté, le rédacteur est invité à clarifier/préciser ses propos ou à définir la terminologie adoptée dans son argumentation.

- La définition est souvent présentée sous forme d'une **mise en apposition** :

> Le remue-méninges, **technique à laquelle l'enseignant a recours pour trouver des idées,** peut être conçu comme première étape à la production de texte.

- Les éléments peuvent aussi être mis **entre parenthèses** ou introduits par :
    - c'est-à-dire,...
    - autrement dit,...
    - en d'autres termes/mots,...
    - en un mot,...
    - en somme,...
    - ou, plus simplement,...

▷ **(Re)définition du problème**

Il arrive qu'au cours du raisonnement on ait besoin de mieux définir ou de redéfinir complètement la question à débattre. Certains en profitent alors pour jouer avec les mots et les métaphores sont fréquentes :

> C'est vrai, ce débat de société se déplace de l'économique vers le philosophique. Sommes-nous capables d'aborder sereinement ce débat-là, c'est la véritable question. **Vue sous cet angle, la « crise actuelle » n'est pas une crise économique. C'est le difficile accouchement d'un homme nouveau. Souhaitons que cela se passe sans le recours à une césarienne [...].**
>
> Lettre de lecteur, *L'Événement du jeudi,* 25 nov. – 1er déc. 1993.

2.7 Citer

Citer, c'est rapporter les paroles d'autrui par souci d'objectivité, à titre d'exemple, à l'appui d'une thèse ou encore pour faire autorité.

> Un texte vivant, convaincant et riche combine à la fois réflexion et sentiments. En effet, l'auteur ne doit pas seulement suivre un raisonnement solide mais doit aussi laisser paraître dans son style les sentiments qui l'ont guidé dans sa réflexion. **Comme le soulignait Buffon dans son *Discours sur le style* (1753) : « Bien écrire, c'est tout à la fois bien penser, bien sentir et bien rendre [...]. »**

 N. B. N'oubliez pas les guillemets (« ») lorsque vous insérez une partie du discours dans la phrase. (Pour le discours indirect, voir *Les lettres des lecteurs,* p. 105-107).

- **Quelques expressions :**
  - Comme le souligne / le fait remarquer / le dit X,... *
  - Rappelons les propos de...
  - Il suffit de lire X pour savoir que...
  - Si l'on en croit...
  - Selon...
  - Monsieur Y déclare d'ailleurs...
  - Madame X n'hésite pas à affirmer que...

 * N. B. Les verbes *dire, souligner, déclarer...* sont des verbes qui se construisent toujours avec un complément d'objet direct. Le pronom « **le** » (qui renvoie à la déclaration) est donc **obligatoire.**

2.8 Exprimer un sentiment

Au cours de son argumentation, le scripteur peut exprimer une variété de sentiments (indignation, admiration, regret...) qui donneront au texte plus de force et de vie, et amèneront le lecteur à réagir ou à s'interroger. (*cf. **La critique de livre et de film,*** p. 84-87 et ***Les lettres des lecteurs,*** p. 103-105)

> **Comment ne pas se mettre en colère** devant la montagne de prospectus que nous trouvons quotidiennement dans nos boîtes aux lettres, alors que des forêts entières sont détruites chaque année par l'industrie des pâtes et papiers. **C'est un scandale !**

3 ▶ Conclure

Conclure ne consiste pas à reprendre la thèse telle qu'elle aura peut-être été énoncée dans les premières lignes du texte. Il s'agit davantage de faire une **synthèse de l'ensemble de l'argumentation** et de présenter la (les) conclusion(s) comme **aboutissement logique** de tout le raisonnement. Terminer par une **question** permet par ailleurs d'**ouvrir le sujet en relançant le débat** dans une autre direction.

– Pour conclure, ...

– En conclusion, ...

– En somme, ...

– En définitive, ...

– Finalement, ...

– Ainsi + inversion...

DERNIÈRES TOUCHES

On néglige trop souvent cette dernière étape qui consiste à **se relire avec un œil critique.** Il est en effet recommandé, une fois la rédaction finie, de prendre ses distances par rapport à son texte afin de l'évaluer non seulement au niveau de la **forme** (orthographe, grammaire, style...) mais aussi au niveau du **contenu** (cohérence, intérêt...).

▷ On s'assurera notamment d'avoir :
- utilisé un **lexique précis** (pas de mots passe-partout) ;
- évité des phrases de plus de deux subordonnées (pour ne pas alourdir le style) ;
- **enrichi** le texte au moyen d'adjectifs, d'adverbes, de relatives (sans en abuser) ;
- avancé des **propos clairs ;**
- eu très peu recours à des banalités, clichés, généralisations ;
- éliminé l'information peu pertinente, ce qui est hors-sujet ;
- pensé à tenir compte des **objections possibles ;**
- envisagé **plus d'un point de vue ;**
- **justifié** ce qu'on avance au moyen d'exemples, de citations qui font autorité.

En bref, il ne faut pas hésiter à **réduire** (couper), **étoffer** (enrichir, compléter) et **permuter** (déplacer) les composantes d'un texte.

▷ Il est par ailleurs conseillé de :
- se limiter à **une idée principale par paragraphe ;**
- adopter un certain suivi dans le raisonnement (ne pas « sauter du coq à l'âne », c'est-à-dire d'une idée à l'autre) ;
- **mettre en relief la logique** du raisonnement par le biais de mots **charnières** (sans en abuser) ou de **hiérarchiser** l'information ou les arguments :
    - D'abord, ... Ensuite, ... Enfin, ...
    - En premier lieu, ... En second lieu, ... En dernier lieu, ...
    - Dans un premier temps, ... Puis...
    - D'une part, ... D'autre part, ...
    - D'un côté, ... De l'autre, ...

FICHE PRATIQUE

Avant d'entamer la rédaction proprement dite, aidez-vous de ce schéma pour construire votre argumentation :

Mettre en contexte
Introduire le sujet
Décrire la situation actuelle, les faits

Poser le problème
Exposer la thèse soutenue ou/et combattue

Argumenter

Avancer un argument	Concéder	Illustrer	Introduire le discours de l'autre	Exprimer un Sentiment
Affirmer	Réfuter	Expliquer		
Émettre des hypothèses	Anticiper une objection, une réaction	Définir un terme ou un concept		

Conclure
Faire une synthèse
Ouvrir le débat vers une autre direction

S'auto-évaluer
S'auto-corriger

EXERCICES

1. Dans l'interview suivant (adapté de « Faut se faire plaisir ! », *L'actualité,* 1ᵉʳ déc. 1993), les questions ou commentaires du journaliste ont été séparés de la réponse de la personne interrogée. Après avoir reconstitué l'extrait, vous dégagerez les composantes de l'argumentation (problème, définition, explication, exemple...).

Questions/commentaires

1. Ça se reconnaît à quoi, un plaisir ?

2. Le plaisir a quelque chose de subversif. Est-ce pour cela que le pouvoir — l'État, l'Église — s'est toujours employé à le dénigrer et à le contrôler ?

3. Vous dites que la façon dont les sociétés traitent leurs plaisirs illustre leur nature politique...

4. Il y a aussi le plaisir du pouvoir. Vous avancez que le pouvoir a un effet bénéfique sur le corps. Ce n'est pas évident quand on voit les politiciens vieillir.

5. Il y a donc du plaisir partout, il suffit d'ouvrir les yeux ?

Réponses

a) La principale source de plaisir réside en effet dans l'immense variété des expériences fort ordinaires de la vie de tous les jours : les petits câlins du soir, le brin de causette avec son chien, la jouissance de l'air frais du matin... Mais les sociétés industrielles ont dévalué les plaisirs et nous passons souvent à côté des innombrables petites joies de l'existence.

b) Il est clair qu'avoir mainmise sur les plaisirs, c'est contrôler les gens. Les gouvernements et les églises ont passé notre temps à nous dire à quels plaisirs nous avions droit. Pierre Elliott Trudeau a eu beau déclarer que l'État n'a rien à faire dans les chambres à coucher, dans la réalité, il fait tout pour y aller. C'est parce que la répartition des plaisirs touche aux ressorts fondamentaux de l'ordre social. Les puissants se plaisent toujours à exercer leur pouvoir de limiter et de restreindre le plaisir des autres.

c) Détrompez-vous ! Ce n'est pas seulement plaisant d'obtenir et d'exercer le pouvoir : c'est bon pour la santé. Des études passionnantes menées à l'Université de Californie à Los Angeles ont révélé à quel point le statut social peut avoir une composante physiologique : en gros, plus nous sommes en position de pouvoir, plus nous sécrétons de la sérotonine, une substance qui favorise la transmission des messages à notre cerveau.

d) C'est vrai que ça n'est pas facile à cerner. Mais je dirais que c'est quelque chose à quoi on a envie de dire oui plutôt que non, c'est quelque chose qu'on a envie de revivre. C'est aussi ce qui vous donne le respect de vous-même, le sentiment d'être à votre place dans un monde intéressant. Quand on touche au plaisir, on parle d'un tas de choses : pas seulement d'idées, d'art ou de conversation, mais de joies purement physiques comme celles que procurent la nourriture, la sexualité ou le climat. D'ailleurs, dans ce domaine comme dans d'autres, la prétendue dualité corps-esprit me semble être un faux problème : je suis convaincu que nous sommes unitaires.

f) Oui. On s'amuse sûrement plus à New York qu'à Bagdad. L'immigration ne se ramène pas qu'à l'argent. Il y a des pays pauvres bien plus amusants que certains pays riches.

2. Vous trouverez ci-dessous, dans le désordre, les parties d'une lettre qu'un étudiant a envoyée au Premier ministre pour se plaindre du manque de soutien financier du gouvernement envers les jeunes. Reconstituez la lettre en vous aidant des liens sémantiques et syntaxiques qui unissent les différents énoncés.

a) En effet, on coupe les bourses et les subventions attribuées aux universités,

b) On n'hésite pas, par exemple, à engager des frais importants lorsqu'il s'agit de déménager tout un ministère dans des locaux plus accueillants.

c) ... mais n'exige-t-on pas toujours des sacrifices des mêmes personnes ?

d) Si l'on en croit d'ailleurs certains politiciens, la crise économique est due en grande partie au gaspillage des gouvernements.

e) Chacun sait qu'on demande à l'ensemble de la population de faire des sacrifices en période de crise.

f) ... ce qui entraîne une augmentation des frais d'inscription et une augmentation du niveau de vie des étudiants.

g) De tels abus nous paraissent inadmissibles...

h) Auriez-vous oublié que les jeunes représentent l'avenir du pays ?

i) Certes, l'argent manque, le déficit inquiète tout le monde ; ...

j) Nous avons cependant la nette impression que les coupures budgétaires frappent surtout l'éducation et les services sociaux.

k) ... et nous acceptons d'autant plus difficilement de devoir investir tant d'argent dans nos études sans perspective d'emploi à la fin de nos études.

3. Soulignez les extraits qui servent d'illustration ou d'explication aux idées principales. Par quels moyens syntaxiques sont-ils introduits ?

1. Le pouvoir de la mafia qui s'étend au sud de la France inquiète les autorités françaises. Elles viennent d'arrêter notamment P. A., 45 ans, né à Palerme et reconnu comme l'un de ces nombreux hommes dangereux qui implantent des entreprises à finalités criminelles. Les dirigeants de ces petites et moyennes entreprises sont tous issus de la criminalité organisée italienne et coupables de crimeséconomiques comme les chèques sans provision, les banqueroutes frauduleuses, les fausses factures et les escroqueries en tout genre.

2. On est souvent amené à faire face à des situations de négociation, que ce soit dans le domaine professionnel ou le domaine privé. Par exemple, l'homme d'affaires négocie un contrat d'achat avec des fournisseurs et la mère de famille négocie l'heure du coucher avec ses enfants.

3. Le divorce est devenu un phénomène majeur de ces dernières années et révèle un changement profond des mentalités. On divorce de plus en plus et l'intérêt des enfants n'est plus la première préoccupation. Il semble ainsi préférable de leur imposer le traumatisme de la séparation plutôt que les scènes déchirantes des parents.

4. Définissez les termes en caractères gras en utilisant :
- **la mise en apposition** (*cf.* p. 29-30)
- **ou l'une des expressions suivantes :**
  autrement dit – c'est-à-dire – en d'autres mots/termes – ou plus simplement
  Ayez recours à votre dictionnaire si nécessaire.

1. Les économistes du pays prévoient une augmentation du **PNB** _____ au cours des deux prochaines années.

2. Il n'est ni honnête ni poli de **faire la sourde oreille** _____ .

3. Le **retour d'âge** _____ est vécu difficilement par certaines femmes.

4. La **futurologie** _____ nous offre une vision bien pessimiste du monde.

5. Selon certains sociologues, le **patriotisme** _____ est un sentiment dépassé.

5. Concédez puis réfutez les arguments suivants. Illustrez ou expliquez ensuite vos propos à l'aide d'exemples :

1. L'interdiction des armes à feu contribuerait à la protection des espèces en voie de disparition.

2. Les couches en coton sont meilleures pour l'environnement que les couches jetables.

3. Les émissions télévisées pour enfants sont des plus éducatives.

4. Il est normal que les soins médicaux soient gratuits.

PRODUCTION DE TEXTES

1. Élaborez un paragraphe argumentatif sur l'un des thèmes suivants que vous définirez afin de clarifier vos propos. N'oubliez pas d'anticiper les objections qui pourraient vous être faites.
   - le télétravail
   - le multiculturalisme
   - l'homéopathie
   - la bioéthique
   - la liberté de penser

2. Rédigez un texte argumentatif bien structuré de 400 mots environ sur « Les problèmes urbains » en vous inspirant des idées proposées en vrac ci-dessous.
Vous pourrez exposer/analyser les problèmes dans leur ensemble ou les envisager séparément.
N'hésitez pas à enrichir votre réflexion d'exemples, de citations et de comparaisons tirés de la liste ci-dessous ou de votre propre expérience. N'oubliez pas de déterminer votre destinataire. (Pour la structure de l'essai, aidez-vous de la fiche pratique p. 141.)

Problèmes

- Violence – délinquence
- Insécurité
- Aliénation – absence de solidarité
- Manque d'espace
- Conditions de vie stressantes
- Pollution (bruit, air, eau...)
- Mode de vie rural / mode de vie urbain
- Problèmes ethniques

Idées en vrac

- Afflux démographique dans toutes les villes du monde
- Difficultés d'adaptation des populations rurales aux modes de vie urbains
- La politique d'aménagement du territoire ne tient pas compte des différences culturelles et des modes de vie
- Importance de lieux de rencontre agréables
- Construction d'ensembles d'habitations à l'échelle humaine
- Mise sur pied de programmes de recherches en matière d'urbanisme dirigés par des personnes qualifiées et soutenus par un financement sérieux
- Invasion de l'espace urbain par les automobiles
- Nécessité d'une planification rigoureuse en matière d'urbanisme
- Enfants sans surveillance dans les terrains de jeux au bas des immeubles
- Prolifération des banlieues aux immeubles élevés
- Les grands immeubles ne facilitent pas les rencontres.
- 60 à 70 % de l'espace urbain est réservé à l'automobile à Los Angeles et dans bien d'autres grandes villes américaines.
- Conversion de certaines rues en rues piétonnes
- Condition de vie des enfants dans des espaces urbains non privilégiés
- Les marchés couverts / en plein air : une atmosphère plus humanisée et animée à redécouvrir
- Les nouvelles technologies (télématique...) permettent la création d'emplois à l'extérieur des villes.
- Création ou aménagements d'espaces verts entre les différents quartiers

– Encourager le repeuplement des campagnes
– Nécessité de mieux connaître et de mieux comprendre le rapport de l'homme avec son environnement.
– Les immeubles devraient rarement comporter plus de 4-5 étages.
– Séparer les espaces pour automobilistes et piétons.
– Venise est unique au monde : l'automobile y est quasiment absente.

Des citations à l'appui de vos idées

• « [Sáo-Polo] en son centre déploie sa richesse et sa grandeur de métropole économique, elle maintient toujours en périphérie des zones d'exclusion, véritables camps de travailleurs où coexistent les usines et les habitations. » Cléber Moura Fé et Alain Napoléon Moffat, « Sanpa », *Temps fou,* n°3 (mai 1995), p. 13.

• « L'automobile dévore les espaces qui pourraient servir au contact et à la rencontre, elle finit par tout grignoter depuis les parcs jusqu'aux trottoirs. » Edward Hall *La Dimension cachée* (Paris, Éditions du Seuil, 1971).

• « [les immeubles à étages sont] une sorte de monument élevé à l'échec des rapports ethniques » Edward Hall, *La Dimension cachée* (Paris, Éditions du Seuil, 1971).

Métaphores pour enrichir votre style

– Un flot de voitures
– Ville/banlieue dortoir
– Jungle de béton
– Forêt d'immeubles
– Des vagues successives d'immigrants
– Un nuage de pollution

Lexique relié à la problématique

planification (f.) – urbanisme (m.) – commission (f.) d'urbanisme – aménagement (m.) du territoire – télétravail (m.) – architectes (m.) – travaux publics (m.) – travailleurs sociaux (m.) – sociologues – ministère (m.) des transports – techniciens (m.) de la circulation – les sans-abri – les pistes cyclables (f.)

3. Développez une argumentation à partir de l'introduction suivante.

>   En 1989, Marc Lepine tue de sang-froid 14 jeunes femmes à l'École polytechnique de Montréal. Une jeune femme tranquillement assise dans un café de Toronto en compagnie d'un ami, est abattue d'un coup de revolver par un voleur à la tire. Quelques mois plus tard, dans la même ville, un policier est tué d'une balle en pleine poitrine par un conducteur à qui il demandait ses papiers. Ce ne sont là que quelques exemples de la folie meurtrière que connaît actuellement notre société. Nous sommes de plus en plus fréquemment invités à remettre en question les lois régissant la possession et le port des armes à feu. Mais dans ce climat d'insécurité, bon nombre de citoyens rappellent qu'une arme à feu peut aussi servir à se défendre.

4. Rédigez un texte argumentatif sur l'un des thèmes suivants.

  – la sécurité dans les villes

  – les relations parents-enfants

  – les enfants et/dans la publicité

  – le « politiquement correct »

  – savoir prendre des risques

5. Expliquez et discutez l'une de ces citations.

  a) « Rien ne ligote plus l'imagination que l'esprit critique toujours prêt à mettre en évidence les défauts de toute idée nouvelle : le jugement freine l'imagination. »

Roger Fisher et Willam Ury, Comment réussir une négociation.

  b) « Grâce à la rapidité des communications, nous pouvons être immédiatement mis au courant de tout : la TV nous montre des images venues de tous les pays de la terre. En devenons-nous des citoyens du monde ? Les seules vraies nouvelles étant des mauvaises, nous apprenons quotidiennement les massacres et les calamités qui s'abattent sur les quatre coins de la planète. Comment y remédier ? [...] En nous montrant tout, on nous immunise contre tout. »

Le Nouvel Observateur, juin 1995.

  c) « On ne revient pas indemne d'un tel voyage. À toute lecture préside, si inhibé soit-il, le plaisir de lire et par sa nature même cette jouissance d'alchimiste — le plaisir de lire ne craint rien de l'image, même télévisuelle [...]. Si pourtant le plaisir de lire s'est perdu (si, comme on dit, mon fils, ma fille, la jeunesse, n'aime pas lire), il ne s'est pas perdu bien loin, à peine égaré, facile à retrouver. Encore faut-il savoir par quel chemin le rechercher [...]. »

Daniel Pennac, Comme un roman, 1992.

DOSSIER DE PRESSE

Après avoir rassemblé trois ou quatre articles portant sur le même sujet, vous compléterez la fiche ci-dessous.

Titre et source des différents articles :

Sujet abordé :

Faits discutés :

Thèses proposées par les journalistes :

Arguments que vous approuvez :

Arguments que vous désapprouvez :

Compte rendu critique (continuez au verso si nécessaire) :

2e partie

LES

RELATIONS

LOGIQUES

Cette deuxième partie aborde ce qu'on appelle communément les **relations logiques,** c'est-à-dire les moyens linguistiques permettant de mettre en relief les **rapports de sens** qui unissent différentes idées ou divers énoncés pour en faire un **texte cohérent.** Cette étude se limitera aux relations les plus fréquemment utilisées à l'écrit : le but, la cause, la conséquence, la concession, l'opposition, l'hypothèse et la comparaison. À titre d'introduction, nous vous invitons à lire le texte ci-dessous et à observer son articulation : il comprend des expressions correspondant à toutes les relations logiques traitées dans les pages suivantes.

	Aujourd'hui plus que jamais, les institutions éducatives font	
	l'objet d'attaques les accusant de ne pas remplir leur **mission.**	**but**
	Les parents se plaignent que leurs enfants n'apprennent pas la	
comparaison	moitié de ce que *eux* ont appris au **même** âge. Le système éducatif	
	actuel, sous la pression des médias et des associations de parents	
conséquence	d'élèves est **donc** amené à se remettre en question **de manière à**	**but**
	pallier ses faiblesses.	
	Depuis 1993, un nouveau programme est à l'étude, programme	
	qui encourage un enseignement **orienté vers** l'autonomie, la	**but**
	responsabilisation et le sens critique des élèves. Cette approche,	
concession	**si séduisante soit-elle,** est **toutefois** encore trop théorique. En	**opposition**
hypothèse	effet, **si** les enseignants ne reçoivent pas le soutien requis pour	
	bien comprendre et mettre en pratique les concepts de cette	
	nouvelle pédagogie, il sera difficile d'obtenir les **résultats**	**conséquence**
cause	escomptés. Malheureusement, **faute d'**argent, la formation du personnel enseignant est souvent reléguée au second plan.	

préposition

noms

<u>VERBE</u>

<u>conjonction de</u>
<u>subordination</u>

<u>**Pour**</u> tout vous dire...
L'***objet*** de ce chapitre est de vous présenter un éventail de moyens lexicaux et syntaxiques qui vous permettront d'exprimer une idée de ***but***. Les auteures SE SONT EFFORCÉES DE présenter les explications et les exemples de façon claire et concise <u>**de manière à ce que**</u> vous puissiez facilement réutiliser ce document comme référence. Nous espérons avoir atteint notre ***objectif***.

LES NOMS : POUR UNE MEILLEURE DÉFINITION DU BUT

1 ▶ Le but en général

▷ **un but :** se fixer un but / tendre vers un but / poursuivre un but

> **Le but** de ce dessin animé est double : distraire un jeune public, mais aussi l'instruire. D'ailleurs, la plupart des émissions qui sont **destinées aux** tout-petits semblent avoir, d'une manière ou d'une autre, **un but** éducatif.

▷ **un objectif** (but précis) : se fixer un objectif

> Cet étudiant **s'est dirigé** vers les sciences politiques, mais son véritable **objectif,** c'est le droit.

> **L'objectif** premier de notre compagnie est de répondre aux besoins des automobilistes.

▷ **un objet :** l'objet d'une visite, d'une lettre, d'un voyage...

> **L'objet** de ma démarche est de vous faire part des inquiétudes du personnel.

▷ **une fin** (niveau de langue plus soutenu) : but et finalité

> Selon Auguste Comte, « toute société ne peut avoir d'autre **fin** que le bien-être de ses membres ».

Dans ce sens, *fin* s'utilise surtout au pluriel :

> Cet organisme a été créé à **des fins** humanitaires.

⚠ N. B. *À **toutes fins utiles*** = au cas où cela pourrait être utile

2 ▶ Le but : une conception personnelle

▷ **une intention**

Elle n'avait aucunement **l'intention** de leur révéler les raisons de son départ.

▷ **un projet** : former / caresser / lancer / concevoir un projet

Il **caresse d'autres projets** et rêve notamment au jour où il pourra créer sa propre entreprise.

▷ **une résolution** : décision volontaire avec idée de détermination

Comme **résolution** du Nouvel An, elle a décidé d'arrêter de fumer.

▷ **un propos** (littéraire) : ce qu'on se fixe comme but, objectif personnel

Dans cet ouvrage, **mon propos** est de faire connaître au lecteur un aspect de notre culture.

⚠ N. B. Dans la locution *à propos*, l'idée de but disparaît.

▷ **un dessein** (littéraire) : une action à mener à bien

Dans *La Comédie humaine,* Balzac expose **son dessein** de brosser un portrait réaliste de la société de son temps.

⚠ N. B. *à dessein* = avec intention :

C'est **à dessein** qu'il n'a pas répondu à votre invitation : il ne veut pas créer de scandale.

3 ▶ Le but : un sommet à atteindre

▷ **une ambition** : nourrir une ambition / montrer de l'ambition

Les étudiants du secondaire **nourrissent** à peu près tous **l'ambition** d'accéder à l'université.

▷ **des aspirations** : mouvement vers un idéal

Être un père de famille modèle : telles sont ses seules **aspirations.**

▷ **la visée** (s'emploie surtout au pluriel) : du verbe *viser* = avoir l'œil sur...

Je crois avoir deviné les **visées** de M. Dupont sur le poste de directeur.

Un homme à grandes **visées** est un homme ambitieux.

4 ▶ Le but : un devoir à accomplir

▷ **un mandat :** fonctions, obligations déléguées par quelqu'un

Le mandat du nouveau gouvernement est de favoriser la création d'emplois.

▷ **une mission :** charge à accomplir

La **mission** officielle des soldats est de faire respecter le cessez-le-feu.

▷ **une vocation :**

• mission :

La **vocation** première des collèges, c'est la formation.

• but et prédisposition (appel intérieur vers une profession, un devoir...) :

Sa **vocation** a toujours été d'enseigner aux enfants handicapés.

⚠ N. B. Les mots qui se terminent en *–ion* sont **féminins** (sauf *avion, bastion...*).

5 ▶ Le but : des étapes à franchir

▷ **une quête :** une recherche

Il était toujours en **quête** d'un monde meilleur...

▷ **une stratégie :** dispositions prises pour atteindre un but

Les **stratégies** électorales de cette candidate sont encore assez floues.

LES VERBES : POUR UNE MEILLEURE EXPRESSION DE LA POURSUITE DU BUT

1 ▶ Verbes exprimant seulement le but

▷ **se proposer de** (+ inf.)

Le candidat de l'opposition **se propose** de réduire le taux de chômage de 2 % en moins d'un an.

▷ **viser quelque chose / viser à** (+ inf.) (*cf.* **visée,** ci-dessus p. 155)

Ce magazine ne **vise** qu'**à** ridiculiser le candidat à la Maison-Blanche.

▷ **aspirer à** (+ nom ou inf.) (= désirer, souhaiter)

Depuis son dernier échec, il n'**aspire** plus qu'**à** quitter sa carrière sportive.

2 ▶ Verbes exprimant le but avec une idée d'effort

▷ **chercher à** (+ inf.)

Un bon commerçant **cherche** avant tout **à** satisfaire sa clientèle.

▷ **s'attacher à** (+ inf.) (= s'appliquer à)

Notre journal **s'est** toujours **attaché à** promouvoir le multiculturalisme.

▷ **s'efforcer de** (+ inf.)

Il **s'efforce de** bien faire, mais le résultat n'est pas toujours très convaincant.

▷ **s'employer à** (+ inf.) (= consacrer ses efforts à)

La nouvelle présidente **s'emploie à** quêter des fonds auprès d'organismes gouvernementaux.

▷ **tâcher de** (+ inf.) (= s'efforcer de) / **tâcher que** (+ subj.) (= faire en sorte que)

Nous **tâcherons d'**oublier ces quelques moments de désaccord.

Je **tâcherai qu'**elle ne remette plus les pieds ici.

▷ **tenter de** (+ inf.)

Elle **aurait** déjà **tenté de** se suicider cinq fois !

CONJONCTIONS ET LOCUTIONS PRÉPOSITIVES : POUR MIEUX FORMULER LA RELATION DE BUT

Rappel : quand le **sujet** de la principale est **le même que celui de la subordonnée,** la conjonction + subjonctif est remplacée par la **préposition équivalente + infinitif.**

Faux : Léon travaille **pour qu'il [Léon] puisse** nourrir sa famille.
↳ Juste : Léon travaille **pour pouvoir** nourrir sa famille.

1 ▶ Le but en général

▷ **pour que**	+ subjonctif	Il ment **pour que** sa femme soit libérée.
▷ **pour**	+ infinitif	Il ment **pour ne pas être** accusé.
▷ **afin que**	+ subjonctif	Il ment **afin que** sa femme soit libérée.
▷ **afin de**	+ infinitif	Il ment **afin d'**être libéré.
▷ **dans le but de**	+ infinitif	Il ment **dans le but de** faire libérer sa femme.
▷ **en vue de**	+ nom	Il se prépare **en vue d'**une mission difficile. [but lointain]

2 ▶ Le but consiste à éviter quelque chose

▷ **de peur que... ne**   + subjonctif   Je l'accompagne **de peur qu'**il **ne** se perde.

▷ **de peur de**   + infinitif   Je prends un taxi **de peur d'**être en retard.

▷ **de crainte que... ne**   + subjonctif   Il se déguise **de crainte qu'**on **ne** le reconnaisse.

▷ **de crainte de**   + infinitif   Il se déguise **de crainte d'**être reconnu.

Ces expressions peuvent aussi être conçues comme exprimant la cause. (*cf. **La cause et la conséquence**,* p. 184)

 N. B. Le *ne* « explétif » après *de peur que* et *de crainte que* **n'est pas une négation.** Bien que tendant à disparaître, il est recommandé à l'écrit (niveau de langue soutenu).

3 ▶ L'accent est mis sur ce à quoi on espère aboutir

▷ **de (telle) manière que**   + subjonctif   On l'a placé **de manière qu'**il ne voie rien.

▷ **de manière à ce que**   + subjonctif   On l'a placé **de manière à ce qu'**il te voie.

▷ **de manière à**   + infinitif   Il s'est placé **de manière à** nous voir.

▷ **de (telle) façon que**   + subjonctif   Il travaille **de façon qu'**elle puisse étudier.

▷ **de façon à ce que**   + subjonctif   Il travaille **de façon à ce qu'**elle puisse étudier.

                                                        [plus courant]

▷ **de façon à**   + infinitif   Elle s'isole **de façon à** mieux étudier.

▷ **de (telle) sorte que**   + subjonctif   Elle crie **de sorte qu'**on puisse l'entendre.

▷ **de sorte à**   + infinitif   J'ai tout rangé **de sorte à** avoir de la place.

 N. B. *de sorte que, de façon (à ce) que* et *de manière que* sont suivis de **l'indicatif** s'ils introduisent une **conséquence** (*cf. **La cause et la conséquence**,* p. 188) :

Il parlait fort, **de sorte que** tout le monde l'entendait.

❖

EXERCICES

1. Relevez dans le texte suivant les éléments lexicaux qui expriment le but. Choisissez-en quatre que vous réutiliserez dans une phrase de votre composition.

Je pensais faire, en observateur froid et impartial, le tour de son caractère et de son esprit ; mais chaque mot qu'elle disait me semblait revêtu d'une grâce inexplicable. Le dessein de lui plaire, mettant dans ma vie un nouvel intérêt, animait mon existence d'une manière inusitée. [...] Je ne croyais point aimer Ellénore ; mais déjà je n'aurais pu me
5 résigner à ne pas lui plaire. Elle m'occupait sans cesse : je formais mille projets ; j'inventais mille moyens de conquête, avec cette fatuité sans expérience qui se croit sûre du succès parce qu'elle n'a rien essayé.

Cependant une invincible timidité m'arrêtait : tous mes discours expiraient tout autrement que je ne l'avais projeté.

10 [...] Ma timidité me quittait dès que je m'éloignais d'Ellénore ; je reprenais alors mes plans habiles et mes profondes combinaisons : mais à peine me retrouvais-je auprès d'elle, que je me sentais de nouveau tremblant et troublé.

[...] Convaincu par ces expériences réitérées que je n'aurais jamais le courage de parler à Ellénore, je me déterminai à lui écrire. Le comte de P*** était absent. Les combats
15 que j'avais livrés longtemps à mon propre caractère, l'impatience que j'éprouvais de n'avoir pu le surmonter, mon incertitude sur le succès de ma tentative, jetèrent dans ma lettre une agitation qui ressemblait fort à de l'amour. Échauffé d'ailleurs que j'étais par mon propre style, je ressentais, en finissant d'écrire, un peu de la passion que j'avais cherché à exprimer avec toute la force possible.

20 [...] J'étais étonné moi-même de ce que je souffrais. Ma mémoire me retraçait les instants où je m'étais dit que je n'aspirais qu'à un succès ; que ce n'était qu'une tentative à laquelle je renoncerais sans peine.

BENJAMIN CONSTANT, *Adolphe,* 1816.

2. Complétez chacune des phrases ci-dessous avec le nom de la liste suivante qui convient (chaque nom ne doit être utilisé qu'une seule fois) :

vocation – propos – dessein – fin – visée – objectif – objet – mandat

1. _____ de la visite du président russe est simple : demander une aide financière aux pays industrialisés.

2. Mère Thérésa vient de prendre la parole : son _____ était de nous sensibiliser aux problèmes du Tiers-Monde.

3. Nous adhérons totalement aux _____ d'une science axée sur l'écologie.

4. « Le but de la femme ici-bas, sa _____ évidente, c'est l'amour », a dit Michelet. Qu'en pensez-vous ?

5. Ce criminel parvenait à gagner la confiance de chacun, alors qu'il nourrissait de noirs _____ desquels le meurtre n'était pas exclu.

6. Le président de la compagnie a déclaré : « Il nous faut absolument réduire nos dépenses. À cette _____, nous avons décidé de limiter les voyages d'affaires au strict minimum. »

7. Elle a eu des _____ trop ambitieuses. Elle a échoué.

8. Comme toutes les élues, elle s'est donné pour _____ de combattre la violence familiale, un véritable fléau dans les réserves.

3. Complétez les extraits d'articles ci-dessous avec l'expression de but qui convient.

1. Bill Clinton a assigné à la politique étrangère américaine des _____ ambitieuses et contradictoires. Il y a celles qui _____ à promouvoir la paix, les droits de l'homme et la démocratie, et celles qui ont pour _____ de renforcer la puissance économique des États-Unis. Les deux _____ n'étant pas toujours conciliables, il est inévitable que de longs débats auront lieu.

2. General Motors _____ changer les méthodes de travail : rendre l'ouvrier responsable de son poste, imposer la « fabrication allégée », où les travailleurs de la chaîne de montage seraient actifs 55 minutes par heure. _____, on a décomposé tous leurs mouvements et étudié leurs déplacements _____ les réduire le plus possible. « C'est dans le _____ de leur éviter des mots de dos », assure la présidente.

Celle-ci a l'habitude de monter au front. Brillante négociatrice, elle s'est battue _____ amener le gouvernement canadien à s'aligner sur les normes américaines de l'automobile. Elle a aussi _____ de limiter les exigences des gouvernements qui _____ faire baisser le taux d'émissions polluantes des véhicules.

D'après « La dame de fer », *L'actualité,* 1ᵉʳ avr. 1995.

4. Reliez les couples de phrases suivants de façon à exprimer un rapport de but. Variez les tournures.

1. Nous avons déplacé les meubles. Les invités pourront danser.

_____

2. Relisez votre devoir une seconde fois. Il ne doit pas rester d'erreurs.

_____

3. Remplissez le formulaire ci-joint. Vous recevrez un échantillon gratuit.

_____

4. On a créé une fondation. On pourra subventionner les projets de recherche.

_____

5. Nous avons acheté du papier supplémentaire. Il n'y en aura peut-être pas assez.

_____

6. Il a refusé d'écrire une autobiographie. Il ne veut pas que sa famille en souffre.

_____

7. Parlez à voix basse. Vous ne réveillerez personne.

_____

8. Il a souligné en rouge l'heure du rendez-vous. Il craint de l'oublier.

_____

9. Plutôt que de prendre l'autobus, j'ai pris la voiture. Je serai de retour plus tôt que prévu.

_____

5. **Finissez les phrases suivantes à l'aide d'une proposition au subjonctif ou d'une locution prépositive suivie de l'infinitif.**

1. Il a rédigé son rapport de sorte...

_____

2. Les jeunes ne sortent plus tard le soir de crainte...

_____

3. Ce journaliste canadien parcourt la France pour...

_____

4. Une grande souscription est lancée en vue de...

_____

5. Ces employés ont été formés de façon à...

_____

6. Le ministre n'a pas répondu aux journalistes de peur...

_____

7. Nous avons fait remettre la maison en état afin...

_____

PRODUCTION DE TEXTES

1. **Rédigez un paragraphe d'une centaine de mots environ dans lequel vous exposerez vos objectifs à plus ou moins long terme (objectifs professionnels, personnels, universitaires...). Évitez le verbe *vouloir*.**

2. **Vous participez à une campagne de sensibilisation et de collecte de fonds pour les sans-abri. Rédigez un prospectus d'information en tenant compte du plan suivant.**

> • **1ᵉʳ paragraphe : constat alarmant**
>   – augmentation galopante du nombre des sans-abri
>   – isolement matériel et psychologique des sans-abri
>   – insouciance du public : « Ça ne nous concerne pas. »
> • **2ᵉ paragraphe : buts**
>   – ramasser des fonds nécessaires
>   ↳ financer la création de lieux d'hébergement
>   ↳ apporter une aide immédiate aux sans-abri
>   – informer davantage
>   – trouver des volontaires
> • **3ᵉ paragraphe : informations pratiques**
>   – où envoyer les contributions financières ou autres
>   – adresses des organismes concernés
>   – personnes à contacter
> • **4ᵉ paragraphe : remerciements**

3. **Vous êtes responsable du service de relations publiques d'une grande compagnie (auto-mobile, informatique...). Vous décidez de faire paraître une annonce publicitaire dans un magazine, annonce dans laquelle vous exposez les objectifs de votre compagnie.** Inspirez-vous des extraits suivants :

> X a tout ce qu'il faut **pour** vous faciliter la tâche. Nos bureaux locaux **visent tous le même but :** vous conseiller et vous appuyer partout où vous irez.
>
> Chez Z, la seule constante, c'est le changement. Nous **cherchons constamment à** nous dépasser en trouvant de nouvelles applications aux techniques éprouvées.
>
> Si vous croyez que ces **efforts** traduisent **la volonté de X de** gagner votre clientèle, vous visez juste. Mais X est aussi **déterminée à** ne rien changer à cette valeur première qui nous tient tout à cœur : la fiabilité.

4. Vous êtes candidat aux élections municipales. Devenir maire de votre ville est votre unique ambition. Rédigez votre tract électoral de façon à informer et convaincre les électeurs. Formulez des propositions sur les thèmes suivants :

- le chômage
- l'écologie
- les abus administratifs
- l'éducation
- la culture
- le social
- les jeunes

11

ÉGALITÉ – SIMILITUDE – RESSEMBLANCE

> J'ai tout à l'heure **comparé** Julie **à** Jean, son frère. [...] je dis que Jean était en quelque sorte un musicien : un musicien de la fureur. Ses colères, *inspirées,* étaient **semblables à** la voix de Julie, qui montait sans effort et se tenait sans fin à des hauteurs où la passion tient lieu d'univers pur. [...] Ses assauts furieux qu'il menait contre tout, et le vent, étaient **aussi** séduisants, **aussi** attirants, **que** la voix de Julie. Il était beau et d'une noirceur lumineuse. Les femmes l'aimaient. Il se précipitait en elles **comme à** des vengeances et détruisait tout : l'amour et lui-même.
>
> JEAN GIONO, *Le Moulin de Pologne,* 1952.

1 ▶ *Comme* et ses équivalents

▷ Comme = à l'exemple de

Ce jeune garçon se conduit **comme** son père.

Il se conduit **à l'exemple** de son père.

Il se conduit **à l'instar** [litt.] de son père.

▷ Comme = à la manière de

Les soirées se déroulaient **comme** des concours de chants.

Les soirées se déroulaient **à la manière** de concours de chants.

La brume montait du lac, **telle** * [litt.] un voile blanc.

La brume montait du lac, **pareille à** * un voile blanc.

* *Tel* et *pareil* sont des adjectifs et s'accordent avec le nom auquel ils se rapportent (ici, « brume »).

▷ Comme = identique à

Horreur ! Sa voisine de table portait une robe **comme** la sienne !

Horreur ! Sa voisine de table portait une robe **identique à** la sienne !

Horreur ! Sa voisine de table portait une robe **semblable à** la sienne !

Horreur ! Sa voisine de table portait une robe **pareille à** la sienne !

Horreur ! Sa voisine de table portait la **même** robe **que** la sienne / qu'elle !

▷ **Comme + subordonnée**

> **Comme** vous nous l'avez décrite, cette région paraît très pittoresque.
>
> **Ainsi que** vous nous l'avez décrite, cette région semble très riche.
>
> **Telle que** vous nous l'avez décrite, cette région est le paradis des touristes.
> [**telle** s'accorde avec **région**]

▷ **Autres**

> Nous avons agi **comme** la loi l'exige.
>
> Nous avons agi **conformément à** la loi.
>
> Nous avons agi **suivant /selon** la loi.

2 ▶ À qualité ou quantité égale : *aussi/autant... que*

▷ **Aussi/si** + adjectif ou adverbe (+ **que**...)

La comparaison porte sur la qualification :

> Sa maison était **aussi** élégante **que** son magasin. Elle s'en occupait tout **aussi** attentivement.

Dans les phrases négatives ou interrogatives, le **si** est plus naturel lorsque le deuxième terme de la comparaison n'est pas exprimé :

> Ce n'est pas **si** difficile [**qu'**on le pense].

▷ **Autant**

La comparaison porte sur la quantité :

- **autant de...** (+ **que**) = le même nombre de...

> Le secrétaire de direction a **autant de** responsabilités **que** son patron.

- **autant que** = au même degré que, en même quantité

> Il mange **autant que** son frère, mais il est plus mince que lui.

3 ▶ Lexique

▷ **analogue (à)** / l'analogie (f.) / de façon analogue

> Un raisonnement **analogue** les a conduits aux mêmes conclusions.

▷ **égal (à)** / l'égalité (f.) / égaler

> Nous sommes tous **égaux** devant la loi.

▷ **équivalent (à)** / l'équivalence (f.) / équivaloir

Le mille marin **équivaut à** 1 852 m.

▷ **identique (à)** / l'identité (f.)

▷ **similaire (à)** / la similarité

Le violon et le violoncelle ont une forme **similaire** mais un son différent.

▷ **semblable (à)** / la similitude / la ressemblance / ressembler

Ce sont des jumeaux : leur **ressemblance** est frappante.

▷ **pareil (à)** / pareillement

« Passez une bonne journée.

— Vous **pareillement.** » [= Vous aussi]

▷ **de même / ainsi** = de cette façon

Regardez-moi bien : c'est **ainsi** qu'il faut procéder.

⚠ N. B. « C'est **du pareil au même.** » (fam.) = « C'est la même chose. »

4 ▶ Pour des portraits colorés

4.1 *de* + nom sans article

Le complément du nom introduit par *de* peut être utilisé pour la création de métaphores. Ce procédé est fréquent dans les portraits :

un caractère **de cochon** [= pareil à celui d'un cochon]

une voix **de ténor**

une tête **de clown**

des yeux **d'aigle** [= perçants]

4.2 Expressions idiomatiques avec *comme*

– se ressembler comme deux gouttes d'eau = se ressembler beaucoup

– être haut(e) comme trois pommes = être très petit(e) [s'utilise pour une personne]

– être rouge comme une tomate = écarlate

– être muet comme une carpe = ne pas parler

DIFFÉRENCE – LES PLUS ET LES MOINS

SONDAGE

[...] les électeurs que les reporters influencent **le plus** sont **les plus** instruits (35 %) et **les plus** riches (36 %). Les femmes sont beaucoup **moins** sensibles à la séduction des éditorialistes (27 %) **que** les hommes (33 %). Les éditorialistes influencent **davantage** les anglophones **que** les francophones (39 % contre 28 %). Nous n'avons pu établir si les anglophones sont **plus** crédules ou leurs éditoriaux **plus** convaincants...

« Médias : ce que vous en pensez vraiment », *L'actualité,* 1ᵉʳ oct. 1993.

1 ▶ Comparaison portant sur une qualification (adjectif ou adverbe)

Je parais **moins** jeune **que** Jean.

=   Je **ne** parais **pas aussi** jeune **que** Jean.

=   Jean paraît **plus** jeune **que** moi.

=   **De** nous deux, c'est Jean qui paraît **le plus** jeune.

=   **De** nous deux, c'est moi qui parais **la moins** jeune.

Comparée à d'autres, cette règle se retient **moins/plus** facilement.

=   Cette règle se retient **moins/plus** facilement **que** d'autres.

=   Cette règle **ne** se retient **pas aussi** facilement **que** d'autres.

=   **De** toutes les règles, c'est celle-ci qui se retient **le plus / le moins** facilement.

2 ▶ Comparaison portant sur la quantité

Cette année, l'université a reçu **moins de** subventions **que** [qu'elle **n'**en a reçu] l'an passé.

=   Cette année, l'université **n'a pas** reçu **autant de** subventions **que** l'an passé.

=   L'an dernier, l'université a reçu **plus de** subventions **que** cette année.

=   L'an dernier, l'université a reçu **davantage de** subventions **que** cette année.

De toutes les universités, c'est la nôtre qui en a reçu **le plus / le moins**.

Les étudiants travaillent **moins** en septembre [**qu'**en mars].

=   Ils travaillent **plus** en mars [**qu'**en septembre].

=   Ils travaillent **davantage** en mars [**qu'**en septembre].

=   C'est en septembre qu'ils travaillent **le moins.**

=   C'est en mars qu'ils travaillent **le plus.**

⚠ N. B. • *Moins/plus (de)... que...* est suivi d'un *ne* **explétif** en langage soutenu :

La pollution est **plus** grave **qu'**elle **ne** le paraît.

• *Des plus* + adj. = extrêmement (ne pas confondre avec *plus* ou *les plus !*)

L'adjectif est au pluriel, sauf s'il se rapporte à un pronom neutre :

Il y a quelques années, Pittsburg était **des plus** pollu**ées.**

Cela est **des plus** choquant.

3 ▶ Les comparatifs et superlatifs irréguliers

ADJECTIF OU ADVERBE	COMPARATIF D'INFÉRIORITÉ	COMPARATIF DE SUPÉRIORITÉ	SUPERLATIF D'INFÉRIORITÉ	SUPERLATIF DE SUPÉRIORITÉ
bon	moins bon	meilleur	le moins bon	le meilleur
bien	moins bien	mieux	le moins bien	le mieux
mauvais	moins mauvais	pire	le moins mauvais	le pire
mal	moins mal	plus mal	le moins mal	le plus mal
petit	moins petit	plus petit moindre [litt.]	le moins petit	le plus petit le moindre [litt.]

⚠ N. B. *moindre* s'emploie surtout dans les expressions :

« c'est la moindre des choses » et « c'est le moindre de mes soucis ».

4 ▶ Quelques adjectifs

▷ **supérieur (à) / inférieur (à)**

Le champagne est nettement **supérieur** au bordeaux.

▷ **incomparable / inégalable / inimitable** (expriment la supériorité)

Ce produit est d'une qualité **incomparable.** Je vous le recommande.

▷ **le premier / le dernier / le seul** (**+ à + inf.** ou **+ qui + subj.** quand il s'agit d'un jugement)

Il est **le seul à** me comprendre.

Il est **le seul qui** me compr**enne.** [jugement]

▷ **différent (de) / divergent (de)**

Ils s'entendent bien malgré leurs opinions **divergentes.**

PROGRESSION

1 ▶ Réaction en chaîne

▷ **plus... (et) plus...**   **Plus** on apprend, **plus** on progresse.

▷ **moins... (et) moins...**   **Moins** tu travailleras, **moins** tu auras de chances de réussir.

▷ **plus... (et) moins...**   **Plus** je lui parle **et moins** je le comprends.

▷ **moins... (et) plus...**   **Moins** on fait d'exercice physique, **plus** on est stressé.

2 ▶ Évolution

▷ **de plus en plus / de moins en moins**

Le monde va vers une complexité **de plus en plus** poussée et le changement est **de moins en moins** visible à l'œil nu.

▷ **de mieux en mieux / de plus en plus mal** (ou : de mal en pis [litt.])

J'écris **de plus en plus mal** depuis que j'utilise l'ordinateur.

▷ **de pire en pire** (= de plus en plus mauvais)

3 ▶ Lexique

▷ **de plus en plus grand/gros**

- agrandissement (m.) / (s'a)grandir
- grossissement (m.) / grossir
- accroissement (m.) / (s')accroître   La délinquance juvénile **s'est accrue.**
- augmentation (f.) / augmenter   Le [prix du] café **a augmenté.**

▷ **de plus en plus petit**

- diminution (f.) / diminuer
- amoindrissement (m.) / (s')amoindrir   La qualité de son travail **ne s'est pas amoindrie.**
- restriction (f.) / restreindre   Il a **restreint** son train de vie trop coûteux.
- réduction (f.) / réduire   L'entreprise **a réduit** les effectifs.

▷ **pour le meilleur ou pour le pire**

- grave / aggravation (f.) / (s')aggraver   La situation politique **s'aggrave.**
- pire / empirer   Son état de santé **a empiré.**
- meilleur / amélioration (f.) / (s')améliorer

RAPPROCHEMENT – OPPOSITION

1 ▶ Préférer

▷ **préférer + inf.** (+ plutôt) + **que** (+ de) + inf.

Je **préfère** voyager **(plutôt) que (de)** rester à la maison.

▷ **préférer + nom/pronom + à** + nom/pronom

Je **préfère** la ville **à** la campagne.

Je **la** préfère **à** ma sœur.

2 ▶ *Plutôt*

▷ **plutôt + adjectif/adverbe + que**

Je me suis rendu compte qu'elles étaient **plutôt** rousses **que** blondes.

▷ **plutôt que de + infinitif**

Je préférerais mourir **plutôt que** de l'épouser.

▷ **plutôt que + nom**

Cette avocate a choisi la célébrité **plutôt que** l'honnêteté.

3 ▶ Rapprocher ou opposer ?

Comme le montrent de nombreux exemples de ce chapitre, comparer revient souvent à opposer. Les expressions suivantes introduisent aussi bien la comparaison que l'opposition (*cf. L'opposition et la concession,* p.199) :

▷ **autant... autant**

Autant il est sympathique avec moi, **autant** il est désagréable avec elle.

▷ **à côté de**

À côté de Paul, il fait figure de géant.

▷ **en comparaison de / par comparaison à**

En comparaison de la peinture du XIXe siècle, le surréalisme est beaucoup plus abstrait.

▷ **par rapport à**

Ils ont fait de gros progrès **par rapport à** l'année dernière.

▷ **alors que / tandis que** (+ indicatif)

> Les chats sont très indépendants **alors que / tandis que** les chiens ont besoin de leurs maîtres.

▷ **contre** (pour une mise en parallèle)

> Selon les sondages, 55% des hommes **contre** 45% des femmes souhaiteraient rester à la maison avec leurs enfants.

LE PARAGRAPHE ET LA COMPARAISON

Le paragraphe peut se structurer à partir d'un raisonnement basé sur une comparaison. On met en relation deux phénomènes pour dégager une constance ou une évolution.

Idée maîtresse ⟶ mise en rapport ou comparaison ⟶ conclusion

EXEMPLE

Idée maîtresse : phénomène en évolution

Les années 90 sont en train de bouleverser les habitudes de vie et de consommation des Américains.

Comparaison : générations des années 80 et 90

Après avoir étalé leur richesse pendant la mirobolante décennie Reagan, les Yuppies ont maintenant mauvaise conscience. Les *« go go eighties »* cèdent la place aux *« no no nineties »*. Ils se préoccupent de la survie de la planète, trient leurs déchets et consomment vert. Les valeurs individuelles et matérialistes disparaissent au profit de la famille. On redécouvre le confort douillet des maisons et on apprécie de plus en plus la compagnie de ses enfants. La santé et l'alimentation deviennent le centre des préoccupations. La moitié de la population consomme des aliments faibles en matières grasses. On est loin de l'optimisme et de la consommation à outrance des années 80.

Conclusion

Prenant en considération ces changements d'attitudes, les marchands doivent s'adapter aux besoins de cette nouvelle génération de consommateurs en créant de nouvelles gammes de produits (produits verts, non testés sur les animaux...).

D'après « Le *cocooning* vert », *L'actualité,* 15 oct. 1992.

EXERCICES

1. Relevez les expressions de comparaison contenues dans le texte suivant.

> Veronika est ma sœur jumelle. Elle et moi nous ressemblons beaucoup. Quand nous étions jeunes, on nous prenait constamment l'une pour l'autre. Nous ne fréquentions pas la même école et ses professeurs, que je rencontrais parfois, ne manquaient pas de me saluer. Je leur adressais alors un large sourire et me sauvais pour éviter d'entrer dans
> 5 d'interminables explications. Autant j'ai pu m'amuser à profiter de ces quiproquos, autant je suis heureuse que cela ne se produise plus.
> Le destin nous a en effet éloignées l'une de l'autre et nous vivons maintenant dans deux provinces différentes. Veronika, qui n'aime pas les hivers rigoureux, est allée s'installer à Vancouver. Il est vrai que cette ville, cernée d'un côté par le Pacifique et de
> 10 l'autre par les Rocheuses, est bien moins triste que notre petit village natal du Nord de l'Ontario ! Veronika dit qu'elle préfère aussi l'agitation des métropoles au calme des grands espaces. Pour moi, c'est tout le contraire : je suis une passionnée de la pêche et des sports d'hiver et rien ne me paraît plus beau que le silence de la nature troublé de temps à autre par le cri du huard...

2. Transformez les phrases suivantes de manière à utiliser le verbe de sens équivalent.

1. Ces deux expressions « avoir de la veine » et « avoir de la chance » sont équivalentes.

2. Mon opinion est différente de la sienne.

3. Les chevreuils sont de moins en moins nombreux.

4. Il y a de plus en plus de coyotes au Québec.

5. La situation des familles monoparentales est de plus en plus sérieuse.

6. Son état de santé est meilleur qu'il y a deux jours.

7. Le coût de la vie est de plus en plus cher.

8. Cette photocopieuse permet de rendre les documents plus petits.

3. Complétez les phrases suivantes avec l'expression de comparaison qui convient.

1. Ces deux personnes se ressemblent _____ deux gouttes d'eau. Leur _____ est frappante.

2. Je ne suis pas très active : je _____ de loin la lecture _____ sport.

3. _____ les Allemands, les Français ont droit à cinq semaines de congés payés.

4. _____ on mange, _____ on grossit.

5. Il est _____ coûteux de suivre des études universitaires.

6. Depuis les récentes affaires de corruption, les citoyens font _____ confiance au gouvernement.

7. La faculté de la chauve-souris d'_____ sa température explique en partie pourquoi ce petit animal vit si vieux (de 15 à 20 ans).

8. De récents réaménagements dans la haute direction ont _____ presque à zéro ses espoirs de devenir un jour le grand patron.

4. Comparez les éléments donnés. Variez les tournures.

Ex. : C'est un problème délicat mais très intéressant.

⟶ **Autant** ce problème est délicat, **autant** il est intéressant.

1. Nous avons beaucoup de volonté mais peu de moyens.

_____

2. En France, les élections présidentielles ont lieu tous les sept ans. Aux États-Unis, elles ont lieu tous les quatre ans.

_____

3. Il gagne 35 000 $. Elle aussi.

_____

4. Ce bol de céréales contient environ 500 calories. Cette petite barre de chocolat contient environ 500 calories.

_____

5. Prix de cette montre : 100 $. Prix de ce bracelet : 100 $.

_____

6. Luc a 25 ans. Jean a également 25 ans.

_____

5. **Relevez toutes les expressions de comparaison de la contre-publicité ci-dessous puis trouvez leur contraire de manière à créer un texte publicitaire convaincant et séduisant.**

Publicité de voiture

Nous ne cessons jamais de viser l'imperfection. En fait, notre toute première création s'en est éloignée moins que tout autre fabricant ne l'avait jamais fait : lors d'une étude sur la performance automobile, elle s'est classée pire modèle toutes catégories.

Nos concepteurs et ingénieurs ont fait l'impossible pour vous offrir une version encore moins raffinée. Ils ont remodelé la carrosserie : la forme du nouveau modèle permet de taire encore moins les bruits de vent et d'offrir une sécurité moindre. Non contents de réduire le luxe de l'habitacle, les ingénieurs ont aussi prévu moins d'espace pour les passagers et les bagages. Les sièges sont par ailleurs dotés d'une suspension qui procure un moins bon support dans les virages.

Au point de vue performances, la puissance a été réduite de 20 CV [chevaux] et le poids de la voiture a été accru de plus de 110 kilos ! Ces modifications ont eu pour résultat d'augmenter la consommation de carburant.

---

6. **Expliquez les proverbes suivants.**

   1. Il n'est pire eau que l'eau qui dort.

   2. La raison du plus fort est toujours la meilleure. (La Fontaine)

   3. Patience et longueur de temps font plus que force ni que rage. (La Fontaine)

   4. Un « Tiens » vaut mieux que deux « Tu l'auras ». L'un est sûr ; l'autre ne l'est pas. (La Fontaine)

   5. Autant d'hommes, autant d'avis.

7. **Complétez les phrases suivantes de manière à établir une comparaison.**

   1. Les derniers sondages montrent que...

   2. En réinstaurant la peine de mort, on risque de...

   3. Travailler à l'étranger...

   4. Écrire des ouvrages pour enfants, c'est ce qui...

   5. Majestueux, toujours flamboyant en automne, cet arbre...

8. **Faites un sondage portant sur l'apprentissage d'une langue seconde. Après avoir posé les questions ci-dessous, vous tirerez des conclusions globales sur les préférences des étudiants.**

   1. Quel(s) type(s) d'activité(s) préférez-vous en salle de classe ?

      – le travail de groupe

      – l'interaction avec le professeur

      – le travail individuel

      – les débats

2. Comment préférez-vous procéder pour apprendre le vocabulaire nouveau ?
   – apprendre chaque mot avec un synonyme
   – réutiliser des mots dans une phrase
   – apprendre chaque mot avec sa traduction

3. Quelle est la meilleure façon d'améliorer la langue seconde en dehors de la salle de classe ?
   – séjourner dans un pays étranger / une province étrangère
   – rencontrer des locuteurs de cette langue au sein de sa communauté
   – écouter la radio et la télévision dans la langue étrangère
   – lire des magazines et journaux dans la langue étrangère
   – lire des romans dans cette seconde langue
   – lire des romans bilingues et comparer le vocabulaire

9. **Commentez les tableaux suivants tirés du sondage « La famille ? Pas de problème ! » (*L'actualité*, juill. 1994). Utilisez certaines des expressions ci-après :** *plus – moins – par rapport à – parmi – la majorité de – la plupart de*

Pour élever des enfants, il vaut mieux être mariés

	Moins de 40 ans	Plus de 40 ans
D'accord	35 %	87 %
En désaccord	51 %	5 %
Sans opinion	13 %	8 %

Portrait de famille

	Moins de 40 ans	Plus de 40 ans
Célibataires	30 %	15 %
Veufs, veuves	1 %	7 %
Mariés	46 %	61 %
Divorcés	14 %	16 %
En union de fait	8 %	2 %

L'ACTUALITÉ / JUILLET 1994

10. Traduisez en français

1. *She can do better.*

_____

2. *He speaks better English than his sister does.*

_____

3. *Best wishes for the New Year !*

_____

4. *Unemployed people are more worried than ever.*

_____

5. *Life is much more stressful in a big city.*

_____

6. *« ZAP » : to serve you better.*

_____

7. *No one else does it better than we do.*

_____

8. *For more information, contact your nearest dealer.*

_____

PRODUCTION DE TEXTES

1. Comparez différents journaux ou magazines francophones selon les critères suivants :

• la mise en page

  – l'importance des illustrations, des photos...

  – l'épaisseur des titres

  – les variations dans le choix des caractères...

• le traitement de l'information

  – le choix de l'information qui fait la « une »

  – le type d'information : sports, information sur les pays étrangers...

  – les rubriques : classement des articles par thèmes

• le public visé

2. Rédigez un paragraphe de 150 mots environ dans lequel vous établirez une comparaison entre (au choix) :

- deux membres de votre famille (*cf. **Le portrait,** p. 21-33*)

- deux pays/villes/provinces que vous connaissez bien (*cf. **La description de lieu,** p. 41-50*)

- deux événements de même nature (ex. : catastrophes naturelles ou écologiques, élections...) (*cf. **Le texte lié à l'événement,** p. 61-68*)

- deux films dans lesquels joue le même acteur (*cf. **La critique de livre et de film,** p. 81-88*)

- une œuvre littéraire et son adaptation à l'écran (*cf. **La critique de livre et de film,** p. 81-88*)

- l'éducation en Europe et en Amérique du Nord

- l'assurance-santé aux États-Unis et au Canada

- la vie en résidence / chez ses parents / avec des amis

- l'école secondaire / l'université

- les jeunes des années 1950 / d'aujourd'hui / de la seconde partie du XXIᵉ siècle

12

DEUX CONCEPTS ÉTROITEMENT LIÉS

La cause et la conséquence sont **deux concepts étroitement liés** : on ne peut pas parler d'une conséquence sans en envisager la cause et inversement. Ce sera soit la cause soit la conséquence qui sera mise en avant, dépendant du point de vue adopté.

> L'accident **est dû** à une faute d'inattention.
> [Le propos de la phrase est d'exprimer la cause de l'accident.]

> L'alcoolisme **est à l'origine** de nombreux accidents de la route.
> [Le propos de la phrase est d'exprimer les conséquences de l'alcoolisme.]

Dans ce chapitre, cause et conséquence seront abordées l'une après l'autre, mais lorsque vous rédigerez, n'oubliez pas que, bien souvent, vous pourrez exprimer la relation de cause à effet sous un angle ou sous l'autre.

INTRODUIRE LA CAUSE

Pour exprimer la cause, on utilise généralement les expressions *à cause de, car* et *parce que :*

> La compagnie a gelé les salaires **à cause des** restrictions budgétaires.
> La compagnie a gelé les salaires **parce que / car** elle doit faire face à des restrictions budgétaires.

Dans un souci de précision, on peut toutefois avoir recours à d'autres constructions syntaxiques ou éléments lexicaux permettant de traduire le rapport de causalité. Plusieurs nuances de cause pourront alors être exprimées.

1 ▶ La cause en général

1.1 *Parce que* (+ indicatif) et ses équivalents

▷ **étant donné que**

> **Étant donné que** la crise se prolonge, il nous a fallu réduire le personnel.

▷ **vu que**

> Nous avons contacté la directrice **vu qu'**elle est la seule à pouvoir nous conseiller.

▷ **comme**

> **Comme** nous faisons face à de sérieuses difficultés financières, nous passerons nos vacances au chalet.

 N. B. *comme* se place généralement **en tête de phrase.**

▷ **puisque**

> **Puisque** la porte principale est fermée, nous devrons passer par derrière. **[cause évidente]**

▷ **pour la bonne raison que**

> Je ne sortirai pas, **pour la bonne raison que** je dois étudier.

1.2 Locutions prépositives + nom

▷ **en raison de**

> **En raison du** petit nombre d'inscrits, le cours a été annulé.

▷ **étant donné**

> Il n'est pas surprenant que cette galerie d'art ait dû fermer ses portes **étant donné** la situation économique actuelle.

▷ **du fait de**

> **Du fait du** lourd déficit accumulé, la compagnie doit licencier des employés.

▷ **vu** [invariable]

> **Vu** le peu de temps qu'il nous reste, il faut nous dépêcher.

▷ **pour** + nom / infinitif passé

> On l'admire **pour** son courage / pour **avoir osé** parler.

▷ **de**

> Il pleure **d'**émotion et **de** bonheur.

▷ **par** = à cause de

> Il n'a pas fini son travail, soit **par** paresse, soit **par** oubli.

 N. B. Dans ce cas, *par* est suivi d'un nom sans article.

> ⟶ **par** habitude, **par** intérêt, **par** curiosité...

2 ▶ Cause positive et cause négative

▷ **grâce à** (conséquence positive) + nom

Grâce au soutien de sa famille, il a pu faire des études.

▷ **à cause de** (conséquence négative) + nom

À cause de la concurrence du vison d'élevage de Scandinavie et du succès des campagnes anti-fourrure, le prix de la peau de castor a chuté.

3 ▶ Cause remise en question

▷ **sous prétexte de** + nom ou infinitif

Sous prétexte de devoir aller à son bureau, elle a évité la corvée de ménage.

▷ **sous prétexte que** + indicatif ou conditionnel

Il serait impensable de renoncer à un tel projet, très acceptable du point de vue environnemental, **sous prétexte qu'**un petit groupe s'y oppose.

4 ▶ Cause avec idée de manque ou d'insuffisance

▷ **faute de / par manque de** + nom

Faute de médicaments, sa guérison a pris plus de temps.

Je n'ai pas pu finir ce rapport **par manque de** temps. [*cf. par* + nom, ci-dessus p. 183]

5 ▶ Cause avec idée de répétition ou de persévérance

▷ **à force de** + nom ou infinitif

À force de patience, on réussit. [= après avoir été souvent patient]

À force d'être patient, on réussit.

6 ▶ Cause avec idée de réserve, de crainte

▷ **de crainte de / de peur de** + nom ou infinitif

Elle parle à voix basse **de peur d'**être entendue.

▷ **de crainte que / de peur que** + subjonctif

Elle parle à voix basse **de crainte qu'**on ne l'entende.

7 ▶ Cause avec perspective temporelle

▷ **à la suite de / par suite de / suite à** + nom

> **À la suite d'**un éboulement de terrain, l'édifice s'est effondré.

8 ▶ Plusieurs causes envisagées

▷ **soit (parce) que...** + ind. **soit (parce) que...** + ind. :

> Il n'est pas venu, **soit parce qu'**il est souffrant, **soit parce qu'**il a oublié.

▷ **soit que...** + subj. **soit que...** + subj. [cause hypothétique]

> Il n'est pas venu, **soit qu'**il ait été souffrant, **soit qu'**il se soit trompé de date.

9 ▶ Cause rejetée pour une autre

▷ **Ce n'est pas parce que...** [cause écartée], **mais parce que...** [cause réelle]

> (S')il ne réussit pas, **ce n'est pas parce qu'**il est bête, **mais parce qu'**il est paresseux.

▷ **Ce n'est pas que...** + subj. [cause écartée], **c'est que...** + ind. [cause réelle]

> (S')il ne réussit pas, **ce n'est pas qu'**il soit bête, **c'est qu'**il est paresseux.

▷ **Non que...** + subj. [cause écartée], **mais (parce que)...** + ind. [cause réelle]

> Il ne réussit pas, **non qu'**il soit bête, **mais** il est paresseux.

⚠ N. B. Dans les deux dernières structures, la **cause possible ou écartée** demande le **subjonctif** alors que la **cause réelle** est à l'**indicatif**.

☞ En français, lorsqu'on coordonne deux causes, on est obligé de **répéter la conjonction,** ce qui n'est pas le cas en anglais. On peut répéter la conjonction telle quelle, mais généralement, on la reprend simplement par **que** :

> **C'est parce qu'**il connaît le problème en profondeur et **qu'**il est donc le seul à pouvoir nous conseiller que nous l'avons contacté.

> **Comme** elle a déjà travaillé pour notre firme et **qu'**elle connaît le problème à fond, c'est à elle que nous nous sommes adressés.

Même remarque pour les prépositions *à* et *de* qui doivent être **répétées** :

> **Grâce à** sa persévérance et **au** soutien de sa famille, elle a pu finir ses études.

> **À force d'**étudier et **de** poser des questions, il a fini par comprendre.

DE LA CAUSE À LA CONSÉQUENCE

Comme *parce que* pour la cause, **donc** est certainement la manière la plus fréquente de présenter ce qui découle logiquement d'un fait ou d'un raisonnement :

« Je pense, **donc** je suis. » (Descartes)

Ils annonçaient de la pluie, j'ai **donc** pris mon parapluie.

Courte, la conjonction de coordination **donc** est en effet souvent préférée là où d'autres expressions de conséquence pourraient alourdir le style. Par mesure d'élégance, il est alors préférable de **ne pas la placer en début de phrase.**

Mais il ne faut pas abuser des bonnes choses... et encore moins des répétitions ! Aussi pourra-t-on puiser dans les locutions adverbiales ou conjonctions de subordination suivantes pour introduire la conséquence avec plus de richesse ou de précision.

1 ▶ Conséquence logique

▷ **par conséquent / en conséquence**

L'électricité sera coupée toute l'après-midi. **Par conséquent,** l'université fermera à 12 h.

« La poésie est purement subjective ; **en conséquence** l'on peut écrire n'importe quoi. » (Flaubert)

 N. B. Ne confondez pas ces expressions : l'une commence et se termine par un e *(en conséquence)*, l'autre commence et se termine par une consonne *(par conséquent)*.

▷ **aussi/ainsi (+ inversion du sujet)**

Les spécialistes ont constaté que l'accident était dû à un pneu insuffisamment gonflé. **Aussi ont-ils** recommandé que les camionneurs surveillent constamment la pression de leurs pneus.

On a constaté que l'accident était dû à un pneu insuffisamment gonflé. **Aussi les spécialistes ont-ils recommandé** que...

▷ **dès lors** (en début de phrase)

• = en conséquence

La direction a cédé à nos requêtes. **Dès lors,** il était normal que nous mettions fin à la grève.

• = à partir de ce moment-là

Les festivités étaient terminées. **Dès lors,** il décida de rentrer.

 N. B. L'emploi de *alors* en début de phrase ou de proposition pour introduire une conséquence appartient plutôt à la langue familière ou orale.

▷ **c'est pourquoi / voilà pourquoi / c'est la raison pour laquelle / de ce fait**

Retour sur la cause pour énoncer une conséquence logique.

> Je ne suis pas d'accord avec les mesures économiques qu'a prises le gouvernement. **C'est pourquoi / c'est la raison pour laquelle** j'ai décidé de voter pour l'opposition aux prochaines élections.

> Je serai à Vancouver jusqu'à vendredi. **De ce fait,** je ne pourrai assister à la réunion.

▷ **d'où / de là** + nom (= ce qui explique...)

La conséquence a déjà été mentionnée.

> Il a perdu deux membres de sa famille dans la même année, **d'où / de là** sa dépression.
> [Il a déjà été question de sa dépression.]

2 ▶ Conséquence liée à l'intensité ou à la quantité

2.1 Conséquence réelle ou constatée

▷ **si/tellement** + adjectif ou adverbe + **que :**

> Il est **si/tellement** timide **qu'**il rougit à chaque fois qu'on lui parle.
> [il rougit parce qu'il est extrêmement timide.]

> Elle marche **tellement** vite **que** je ne parviens pas à la suivre.
> [Je ne parviens pas à la suivre parce qu'elle marche extrêmement vite.]

▷ verbe + **tant/tellement que...**

> Il mange **tellement/tant qu'**il ne rentre plus dans ses vêtements.
> [Il ne rentre plus dans ses vêtements parce qu'il mange beaucoup.]

▷ **tant de / tellement de** + nom + **que** (quantité)

> Il y a **tellement / tant de** monde dans le métro aux heures de pointe **qu'**on y étouffe.

▷ **un(e)/de tel(le)(s)** + nom + **que**

> Il a **une telle** peur des avions **qu'**il a refusé le voyage en Europe que ses enfants lui avaient offert.
> Elle nous raconte toujours **de tels** mensonges **qu'**on ne la croit plus.

⚠ N. B. L'adjectif *tel* s'accorde avec le nom qui suit. *Tel* peut aussi être placé après le nom avec lequel il s'accorde :

> La situation est d'une gravité **telle qu'**il faut intervenir le plus tôt possible.

▷ **au point que / à tel point que / tant et si bien que**

> Il a parlé pendant des heures, **à tel point qu' / au point qu'**il n'avait plus de voix.

> Il a parlé pendant des heures, **tant et si bien qu'**il n'avait plus de voix.

2.2 Conséquence envisagée ou hypothétique

▷ **trop / trop peu / assez / suffisamment** + adjectif ou adverbe + **pour que...** + subjonctif ou infinitif

Cette maison est **trop** chère **pour que** nous puissions l'acheter.
[La conséquence ne se réalisera pas.]

Ils gagnent **suffisamment pour** se payer des vacances à l'étranger.
[Le sujet des deux propositions est le même, d'où l'infinitif.]

▷ **trop de / trop peu de / assez de / suffisamment de** + nom + **pour que** + subjonctif ou infinitif

Il a **trop de** diplômes **pour qu'**on puisse l'embaucher.

Il n'a pas **assez d'**argent **pour** arrêter de travailler.
[Le sujet des deux propositions est le même, d'où l'infinitif.]

 N. B. Jamais d'article après les expressions de quantité !

Beaucoup de travail / **peu de** temps / **trop de** détails...

3 ▶ La conséquence en général

▷ **si bien que / de (telle) sorte que / de (telle) manière que / de (telle) façon que**

Bien que construites sur le même modèle que les expressions présentées ci-dessus (*si... que, telle... que*), ces conjonctions ont perdu toute valeur d'intensité et s'utilisent pour exprimer une simple conséquence ou, à l'occasion, une conséquence dépendant de la manière dont une action a été menée.

La secrétaire s'est violemment opposée au chef de service, **si bien qu'** / **de sorte qu'**elle a été licenciée.

Il a travaillé fort, **de telle sorte qu'** / **de telle manière qu'** / **de telle façon qu'**il a obtenu une bourse.

 N. B. Suivies du **subjonctif**, *de (telle) sorte que, de (telle) manière que* et *de (telle) façon que* expriment le **but.**

À vous !
Que se disent-ils ? (Utilisez une expression de conséquence.)

LA CAUSE ET LA CONSÉQUENCE TOUT SIMPLEMENT

Observez les énoncés ci-dessous :

> Le musée a licencié du personnel. Le gouvernement a coupé les budgets destinés aux organismes socioculturels.

> Le gouvernement a coupé les budgets destinés aux organismes socioculturels. Le musée a licencié du personnel.

Leur simple **juxtaposition** permet d'exprimer un rapport de causalité (premier exemple) comme de conséquence (deuxième exemple). Ce rapport est implicite, autrement dit il n'est rendu par aucun moyen syntaxique ou lexical.

Le rédacteur dispose également d'autres moyens linguistiques pour exprimer implicitement le rapport de cause à effet, moyens auxquels on ne pense pas toujours et pourtant très utiles puisque discrets. On pourrait ainsi écrire :

- Le musée a dû licencier : le gouvernement a coupé les budgets destinés aux organismes socioculturels. [cause]

  Le gouvernement a coupé les budgets destinés aux organismes socioculturels : le musée a dû licencier. [conséquence]
  ⟶ Moyen utilisé : **les deux-points**

- **Ayant subi des coupures budgétaires,** le musée a dû licencier du personnel. [cause]
  ⟶ Moyen utilisé : **la proposition participiale** (proposition construite autour d'un participe présent [comme ici] ou passé)

- Le musée, **qui a subi des coupures budgétaires,** a dû licencier du personnel. [cause]
  ⟶ Moyen utilisé : **proposition relative** entre virgules

La **juxtaposition**, les **deux-points**, la **participiale** et la **proposition relative** sont quatre moyens courants et simples d'exprimer le rapport de cause à effet de manière implicite : pensez-y !

> — *Qu'est-ce que cela peut faire que je lutte pour la mauvaise cause puisque je suis de bonne foi ?*
> — *Et qu'est-ce que ça peut faire que je sois de mauvaise foi puisque c'est pour la bonne cause ?*
>   (Prévert)

LA CAUSE ET LA CONSÉQUENCE EN D'AUTRES MOTS

1 ▶ Quelques noms

1.1 Pour exprimer la cause

▷ la cause / la raison

▷ l'explication (f.) / le pourquoi

▷ le motif / le mobile : ce qui pousse à agir

▷ l'origine (f.) / la source

1.2 Pour exprimer la conséquence

▷ la conséquence / l'effet (m.)

▷ les suites (f.) : conséquences à plus ou moins long terme

▷ le résultat / le fruit (résultat positif) : synthèse

▷ l'impact (m.) : effet puissant

▷ le contrecoup / les répercussions (f.) / les retombées (f.) (négatif) : effets secondaires, conséquences indirectes

▷ les séquelles (f.) : effets secondaires d'un événement

▷ le bilan : conséquence considérée dans son ensemble

2 ▶ Quelques locutions verbales

2.1 De la cause à la conséquence

▷ **causer** (souvent négatif) / **créer** / **déclencher** / **engendrer** / **entraîner** / **faire naître** / **produire** / **provoquer**

> Aussi complexe et contradictoire qu'elle soit, la crise soviétique **a engendré** une autre façon de penser.

> De telles décisions **provoqueraient** une hausse des taux d'intérêts et **entraîneraient** une baisse des investissements.

⚠ N. B. À la voix passive, ces verbes expriment la **cause :**

> La hausse des taux d'intérêts **a été provoquée par** ses décisions.

▷ **éveiller** / **susciter** (conséquence liée aux sentiments)

> Pourquoi cette question **suscite**-t-elle un débat aussi passionné ?

▷ **encourager / inciter / inviter / pousser / amener quelqu'un à** + nom ou infinitif (idée d'influence)
> Sa maladie **l'a poussé à** réfléchir sur ses habitudes de travail.

▷ **il ressort de... que** (= d'après... il apparaît que...) / **il résulte de... que**
> **Il ressort de** sa déposition **que** le meurtre a eu lieu entre six et huit heures.

2.2 Pour remonter à la cause

▷ **être dû à / être lié à**
> Les ulcères sont souvent **dus/liés au** stress.

▷ **provenir de / résulter de / être né de / être issu de**
> De nombreuses maladies **résultent du** stress.

 Attention ! Ne confondez pas :

- **résulter de** = être le résultat de..., être dû à...
- **il résulte de... que...** (forme impersonnelle) = on peut déduire de... que...
- *to result in* (angl.) = donner pour résultat

EXERCICES

1. **Reliez les deux phrases par des tournures exprimant tantôt la cause, tantôt la conséquence. Trouvez plusieurs structures pour chaque couple de phrases. Faites tout changement nécessaire.**

   1. Pierre était malade. Ses parents ont fait venir le médecin.

   _____

   2. Ils ne sont pas au rendez-vous. Ils n'ont pas reçu notre message.

   _____

   3. C'est la Fête du travail. Les bureaux du gouvernement sont fermés.

   _____

   4. Je manque d'argent. Je ne pars pas en vacances.

   _____

   5. Son réveille-matin n'a pas sonné. Il a manqué le cours.

   _____

6. La neige a fait son apparition. Les skieurs ne vont pas tarder à arriver à la station.

_____

7. Il a été très patient. Il a réalisé son projet.

_____

8. Marie est très affaiblie par son traitement. Elle n'est plus capable de se lever.

_____

9. On protège le couple mère-enfant : ce couple est maintenant indestructible.

_____

10. Jacques ment souvent. Il va perdre la confiance de tout le monde.

_____

11. Le policier n'avait pas de preuves. Il a dû relâcher le suspect.

_____

2. Reliez les couples de propositions suivants en utilisant l'expression de conséquence entre parenthèses.

1. Il conduit mal : c'est un vrai danger public. (si... que)

_____

2. L'imprimante est tombée en panne pour une troisième fois : Julie a commencé à perdre patience. (si bien que)

_____

3. Elle a manqué son autobus. Elle est arrivée en retard au bureau. (de sorte que)

_____

4. La renommée de cette actrice est grande. Elle fait la une de tous les journaux. (tellement... que)

_____

5. Il ne s'habituait pas au climat : il est retourné dans son pays. (aussi)

_____

6. On l'a souvent trompé. Il se méfie. (d'où)

_____

3. Exprimez la cause de la façon qui convient le mieux.

1. Pourquoi avez-vous décidé d'aller dans ce pays ? _____ il y fait chaud.

2. _____ du mauvais temps, nous n'avons pas pu sortir.

3. _____ il est le chef, il se croit tout permis.

4. _____ la grève, l'usine a perdu beaucoup d'argent.

5. _____ se faire dire qu'il est incapable, il finit par le croire.

6. _____ son immense talent, cette artiste a remporté de nombreux prix.

7. _____ le climat humide et froid que connaît cette région, il n'est pas étonnant que le taux de dépressions nerveuses soit si élevé.

4. Transformez les phrases suivantes en utilisant les structures *de/par/pour* + nom.

> Ex. : L'étudiant a travaillé l'été **parce qu'il se soucie** de faire des économies.
> ↳ L'étudiant a travaillé tout l'été **par souci** d'économie.

1. Il n'a pas osé dire la vérité parce qu'il est fier.

_____

2. Le candidat s'est fait remarquer parce qu'il est tenace et intelligent.

_____

3. Ce projet qui me tenait à cœur, j'ai dû l'abandonner parce que je n'avais pas suffisamment de temps.

_____

4. J'ai arrêté mes études parce que je n'ai pas assez d'argent.

_____

5. Il pleure parce qu'il est ému devant le spectacle grandiose qui s'offre à ses yeux.

_____

6. Nous avons pris le train car nous avions peur d'être pris dans les embouteillages.

_____

7. Il a reçu une médaille parce qu'il a agi comme un héros.

_____

8. Il téléphone de l'extérieur : ses parents pourraient lui poser des questions indiscrètes.

_____

5. **Reliez les termes de la colonne de gauche à ceux de la colonne de droite avec le *de* causatif de manière à retrouver des expressions idiomatiques. Plusieurs réponses sont possibles.**

Ex : (être) vert **de** peur

	• plaisir
être bleu •	• amour
sauter •	• peur
rougir •	• colère
mourir •	• joie
être fou •	• rage
hurler •	• froid
frissonner •	• honte
pleurer •	• douleur
être rouge •	• bonheur
	• rire

6. **Complétez les phrases ci-dessous par le verbe qui convient.**

susciter – entraîner – provenir – inciter – être dû à – pousser

1. Cette directrice _____ de la sympathie dans son entourage.

2. La technologie _____ une modification des fonctions du médecin.

3. L'utilisation de l'ordinateur dans l'enseignement des langues _____ le professeur et les étudiants à travailler différemment.

4. La société de consommation nous _____ à recourir de plus en plus aux cartes de crédit.

5. Leurs problèmes _____ d'un manque de communication.

6. Beaucoup de troubles cardiaques _____ des rhumatismes articulaires.

7. **Choisissez dans la liste ci-dessous l'adjectif qui convient le mieux pour qualifier les noms exprimant la conséquence. Faites les accords nécessaires.**

fracassant – malheureux – inattendu – spectaculaire – néfaste – économique – bénéfique – désastreux – multiple – considérable – indirect – profitable – immense

1. La TPS a eu des répercussions _____ sur la consommation dans le sud de l'Ontario.

2. Il est difficile de mesurer avec précision les retombées _____ du libre-échange.

3. La grève des transports a eu des conséquences _____ : embouteillages sur les routes, ralentissement de l'activité économique et nombreux retards et absences sur les lieux de travail.

4. Cette manifestation sportive risque d'avoir des conséquences _____ sur le tourisme local : en effet, on s'attend à la venue de milliers de visiteurs étrangers.

5. Le film *Il danse avec les loups* a eu un impact _____ auprès des cinéphiles.

8. Composez des phrases avec chacun des substantifs suivants.

- bilan
- contrecoup
- séquelles
- répercussions
- fruit
- mobile
- source
- retombées

9. Améliorez les phrases suivantes.

1. Robert n'aime pas travailler : il préfère être libre ; alors il se promène souvent.

_____

2. À cause de la crainte d'un chômage qui grandit, les jeunes veulent un diplôme.

_____

3. Il y a eu une augmentation du tourisme avec la création de l'entreprise.

_____

4. Il y a beaucoup de jeunes qui se sentent responsables de leurs vieux parents car leurs parents les ont élevés et ils leur doivent ça.

_____

10. Exposez les causes de chacun des faits ci-dessous en une phrase complexe.

1. La télévision a de moins en moins d'adeptes.

Causes : – Les programmes de télévision sont de mauvaise qualité.

– La télévision propose des programmes entrecoupés de messages publicitaires.

– Les auditeurs préfèrent de loin le septième art.

2. La lecture favorise la structuration de la personnalité.

    Causes : – La lecture développe l'aptitude à la réflexion.

              – La lecture éveille l'esprit de curiosité.

              – La lecture développe l'imagination.

3. Les Canadiens s'impliquent dans de nouvelles activités.

    Causes : – Les Canadiens ont le goût du risque.

              – Les Canadiens désirent l'aventure.

              – Certaines activités allient nature, sport et culture.

4. Un grand nombre de Canadiens sont victimes d'allergies diverses.

    Causes : – Les Canadiens respirent un air pollué.

              – La plupart des Canadiens résident en ville.

              – Les lieux de travail sont mal climatisés.

PRODUCTION DE TEXTES

1. **Expliquez les différentes fonctions des médias (information, distraction, culture, éducation, etc.) en utilisant des expressions de cause.**

2. **Expliquez dans de courts paragraphes les causes des phénomènes suivants :**
   – la baisse de la natalité
   – le chômage
   – les accidents de la route
   – le taux d'abstention élevé aux élections

3. **Exposez dans de courts paragraphes les conséquences des phénomènes suivants :**
   – l'augmentation des frais d'inscription à l'université
   – l'abus de caféine
   – le licenciement d'une mère / d'un père de famille

Comment négocier

OPPOSER signifie réfuter (rejeter) un point de vue ou rapprocher des faits, des idées, des comportements ou événements de même nature afin de mettre en évidence leurs différences.

– Exemple de réfutation :

La récession ne durera pas. **Au contraire,** elle semble s'installer.

– Exemple de rapprochement (mise en parallèle) :

Paul est doué pour les langues **alors que** Pierre l'est pour les mathématiques.

CONCÉDER signifie reconnaître certains faits ou arguments avant de montrer qu'ils ne changent en rien la situation ou le raisonnement. Autrement dit, la concession correspond à un procédé en deux temps :

1. On **reconnaît tout d'abord l'exactitude, la valeur d'un argument ou d'un fait :** on fait une concession.
2. Puis **on y oppose un autre fait ou argument** montrant que ce qui précède n'est pas pertinent ou ne peut être pris en considération.

Certes / Bien sûr, les consommateurs achètent à nouveau et les investisseurs reprennent confiance, **mais** la reprise économique est quand même fragile.

En dépit des risques d'insolation, elle passe des heures au soleil à se faire bronzer.

OPPOSITION

Mais est sans aucun doute le terme le plus fréquemment utilisé pour exprimer l'opposition. Toutefois cette conjonction de coordination ne permet pas de rendre les différentes nuances de l'opposition. Voici donc d'autres moyens syntaxiques et lexicaux qui vous permettront de traduire la **restriction** (on restreint la portée de l'énoncé qui précède), la **contradiction** totale ou partielle entre deux éléments ou une **opposition de type comparatif.**

1 ▶ Contradiction ou restriction

▷ **cependant / pourtant / néanmoins / toutefois**

Placés généralement en début de phrase ou de proposition, ou après le verbe, ces termes soulignent :

• soit une **contradiction, partielle ou totale,** entre deux énoncés :

On ne s'ennuie pas au cours de ce film ; il dure **pourtant** quatre heures.

ou   Ce film dure quatre heures. **Toutefois,** on ne s'y ennuie pas.

ou   Ce film dure quatre heures ; **cependant,** on ne s'y ennuie pas.

- soit une **restriction :**

> Ce roman est écrit dans un style des plus élégants. On relèvera **cependant** quelques coquilles dans les premiers chapitres.

▷ **or**

La conjonction *or* exprime uniquement la **contradiction** et est toujours placée en début de phrase ou de proposition.

> Il voulait s'acheter une maison, **or** il vient de perdre son emploi.

 N.B. *Or* peut aussi servir à introduire le deuxième argument d'un **syllogisme** (*cf. L'écrit publicitaire*, p. 121). Dans ce cas, il signifie, selon le contexte, *et justement* ou et *malheureusement*.

2 ▶ Rapprochement de deux faits/idées qui s'opposent ou diffèrent

▷ **en revanche / par contre** (= **d'un autre côté** ou, selon le contexte, **en compensation**)

> Le trafic de drogue coûte près de 10 milliards de dollars aux États-Unis. **En revanche,** il rapporte des profits phénoménaux aux producteurs et aux trafiquants.

> Cet appartement est mal situé ; **par contre,** le loyer est très raisonnable.

▷ **(bien) au contraire / contrairement à...** (opposition, contraste d'opinions, de faits...)

> **Contrairement à** ce que tout le monde croit, le bilinguisme ne coûte pas plus cher aujourd'hui qu'il y a dix ans.

> Je ne pense pas qu'on puisse faire porter le blâme à ce ministre. **Au contraire,** on devrait le féliciter puisqu'il est le premier à avoir réagi.

 N. B. *au contraire* introduit souvent un énoncé affirmatif après un énoncé négatif.

▷ **tandis que / alors que** + indicatif

Ces deux conjonctions marquent à la fois la comparaison et l'opposition : elles permettent de rapprocher deux éléments pour montrer en quoi ils diffèrent ou s'opposent.

> Il a quitté l'école à 18 ans, **tandis que** sa sœur a fait des études universitaires.

▷ **quant à** + nom (= en ce qui concerne..., pour ce qui est de...)

Bien que n'exprimant pas à elle seule l'opposition, l'expression *quant à,* fréquemment utilisée pour **mettre en parallèle** des faits, opinions ou personnes, peut prendre une valeur d'opposition.

> Lorsqu'on aborde le sujet des familles mono-parentales, il est toujours question des mères célibataires ou veuves. **Quant aux** pères qui élèvent seuls leurs enfants, on n'en parle jamais.

▷ **au lieu de** + infinitif ou nom (= à la place de)
Exprime la préférence d'un acte ou d'un état par rapport à un autre.

> **Au lieu d'**épargner, il investit dans l'immobilier.

(Voir aussi *La comparaison*, p. 172-173.)

CONCESSION

Comme nous l'avons vu dans l'introduction, concéder consiste à reconnaître un argument ou un fait avant de montrer qu'il ne change en rien la situation ou le raisonnement. Servant souvent à **répondre aux objections,** la concession est un outil argumentatif très précieux. Mais concéder doit se faire avec tact et diplomatie.

1 ▶ *Certes / bien sûr... mais...*

Très fréquente dans l'écrit argumentatif, cette tournure indique qu'on reconnaît l'argument ou le fait comme **vrai** ou **pertinent** avant de le rejeter.

> **Certes,** vivre chez ses parents coûte moins cher ; **mais** l'apprentissage de l'indépendance n'a pas de prix.

Dans un style oral ou oralisé (les interviews écrites par exemple), on trouvera plutôt l'expression équivalente *évidemment... mais...*

2 ▶ *Même si...* et constructions équivalentes

Même si... [cela n'empêche pas que...] est une expression que les étudiants utilisent spontanément sans réaliser qu'il s'agit d'une expression de concession. La langue française met toutefois à notre disposition toute une gamme d'expressions équivalentes mais plus riches du point de vue stylistique.

▷ **bien que / quoique** + subjonctif ou participe présent

> **Bien que** le nombre de chômeurs **ait augmenté,** le gouvernement a réduit son aide aux programmes de formation professionnelle.
> [= Même si le nombre de chômeurs a augmenté...]
>
> **Quoiqu'ayant passé** cinq ans en Italie, il parle très mal l'italien.

▷ **malgré / en dépit de** + nom

> La Gaspésie connaît depuis quelques années une constante augmentation du tourisme **malgré** la récession. [= Même si on est en période de récession...]
>
> **En dépit de** l'efficacité des médicaments, les décès dus à l'asthme sont toujours aussi fréquents. [= Même si les médicaments sont efficaces...]

▷ **avoir beau** + infinitif

> Il **a beau** essayer de garder son sérieux, on voit qu'il a envie de rire. [= Même s'il essaie de garder son sérieux...]
>
> Elle **avait beau** crier, personne ne l'écoutait.

 N. B. *beau* reste invariable alors que *avoir* se conjugue au temps, au mode et à la personne voulus.

▷ **quand bien même** + condit. (= *même si* + imparfait avec idée d'hypothèse)

> **Quand bien même** l'école fermerait, je resterais au village. [= Même si l'école fermait, je resterais au village.]

▷ **quelque/si/tout** + adjectif + **que...** + subjonctif

La concession porte sur la qualité représentée par l'adjectif.

> **Si/tout** intéressante **que** paraisse cette proposition, elle comporte bien des risques. [Même si cette proposition est (très) intéressante...]
>
> Cette proposition, **toute** fascinante **soit-elle,** comporte bien des risques. [Remarquez l'inversion : style soutenu.]

 N. B. *tout* est un adverbe et **ne s'accorde donc pas, sauf s'il est placé devant un adjectif féminin commençant par une consonne.**

> **Toute** compétente soit-elle, cette employée ne peut continuer à travailler ici.

3 ▶ *Peu importe* et ses équivalents

L'expression ***peu importe(nt)*** (+ nom ou subjonctif) permet de poser une donnée particulière comme peu importante et n'affectant donc en rien une décision, un état...

> **Peu importe** le salaire, j'accepte l'offre d'emploi.
>
> **Peu importent** les circonstances, c'est l'acte qui compte.
>
> **Peu importe qui** vous êtes/soyez, vous ne m'intimidez pas.

▷ peu importe qui ⟶ **qui que** + subjonctif

> **Qui que** vous embauchiez, on aura toujours le même problème.
>
> [= Peu importe qui vous embauchiez...]

▷ peu importe où ⟶ **où que** + subjonctif

> Mes pensées t'accompagneront, **où que** tu ailles.

▷ peu importe ce que ⟶ **quoi que** + subjonctif

> **Quoi que** vous disiez, vous n'aurez jamais le dernier mot avec lui. [= Peu importe ce que vous disiez...]

▷ peu importe + nom ⟶ **quel(le)(s) que soi(en)t** + nom

> **Quelle que soit** l'heure à laquelle il rentrera, tu lui demanderas de m'appeler. [**Quel** s'accorde avec le sujet du verbe être, ici **heure**.]

⚠ N. B. *qui que ce soit* et *quoi que ce soit* dans une phrase négative correspondent respectivement à *personne* et *rien* :

> La nuit, elle n'ouvre pas sa porte à **qui que** ce soit. [= Elle n'ouvre sa porte à personne.]
>
> Je ne lui ai jamais demandé **quoi que ce soit.** [= Je ne lui ai jamais rien demandé.]

⚠ Attention : ne confondez pas *quoique* (= bien que) et *quoi que* (= peu importe ce que).

POUR ENRICHIR SON LEXIQUE

1 ▶ Quelques noms

- l'opposé (m.) / le contraire / l'inverse (m.)
- l'opposition (f.) / la contradiction
- l'objection (f.) / la contestation
- la différence / le contraste

2 ▶ Quelques verbes

▷ **opposer (à)**

Les différends qui **opposent** aujourd'hui l'Occident et l'Orient seraient-ils uniquement d'ordre culturel et religieux ?

▷ **s'opposer à (1) / être contraire à / aller à l'encontre de**

Cette décision **va à l'encontre** des intérêts du groupe.

▷ **s'opposer à (2) / se dresser contre**

Les députés **se sont opposés** au projet de loi.

▷ **interdire / empêcher / gêner / entraver**

« Quand rien n'**entrave** l'action, l'âme a bien moins de raisons pour agir. » (Romain Rolland)

Rien ne vous **empêche** d'ajouter ici des exemples qui vous semblent pertinents.

▷ **faire face à / se heurter à / se trouver confronté à**

La modernisation des entreprises de presse **s'est heurtée** à la puissance du syndicat du livre.

Le jeune couple **s'est trouvé confronté** à de nombreux problèmes financiers lorsqu'il a décidé d'acheter une maison avec vue sur la mer.

▷ **réfuter / rejeter**

Le juge a rejeté la thèse avancée par l'avocat.

3 ▶ Quelques expressions

▷ **au détriment de / au désavantage de** + nom

Certains estiment que les nouveaux parents privilégient leur carrière **au détriment de** leur vie de famille.

▷ **par ailleurs** : permet de nuancer à l'avance un jugement négatif

Ce ministre, **par ailleurs** fort compétent, n'a pas atteint ses objectifs.

▷ **au demeurant** (= par ailleurs) : niveau de langue plus soutenu

« Malfaisant, pipeur, buveur, batteur de pavés, au demeurant le meilleur fils du monde. » (Rabelais)

LE PARAGRAPHE

Le paragraphe est composé de plusieurs phrases unies par le fil conducteur de l'idée maîtresse (voir aussi *La comparaison,* p. 173). Il correspond à une unité de pensée et possède une structure logique. Le paragraphe idéal comporte trois étapes importantes :

1. L'énoncé de l'**idée principale** (situé généralement au début du paragraphe) : on annonce de façon claire et précise l'idée à discuter.

2. L'**approfondissement** de la pensée : on développe l'idée principale en apportant selon le cas une **explication,** une **illustration,** une **nuance,** une **mise en parallèle...** (Les rapports entre les idées sont multiples selon les besoins de la démonstration.)

3. La conclusion ou transition : on tire une conclusion de ce qui précède et on enchaîne avec ce qui suit.

EXEMPLE

Idée principale (paradoxe)

Les sociétés capitalistes sont de formidables machines à la fois de mobilisation et d'exclusion des travailleurs. [Il est recommandé de commencer un paragraphe par un alinéa (première ligne en retrait).]

Explication du paradoxe

En effet, ces sociétés mobilisent une force de travail énorme partout à travers le monde. Toutefois, en maintenant à l'écart du marché du travail une partie de la population, elles excluent celle-ci de la société de consommation.

Conclusion : conséquence

Cette population dépérit ou s'en sort tant bien que mal en mettant sur pied des circuits parallèles de production où la débrouillardise, l'entraide, la solidarité, mais aussi les « magouilles » de toutes sortes servent de règles.

Transition (qui peut se faire au début du paragraphe suivant) :

Cette situation est nettement visible dans le Tiers-Monde, où l'économie parallèle est souvent plus importante que l'économie officielle.

EXERCICES

1. **Complétez les phrases avec la conjonction de l'opposition ou de la concession qui convient le mieux. Variez vos réponses.**

   1. _____ cette forme de crédit soit avantageuse, elle est trop lourde pour notre budget.
   2. _____ il soit atteint d'un cancer, il fait de nombreux projets d'avenir.
   3. Les gens du Sud sont extravertis, _____ ceux du Nord sont réservés.
   4. _____ elle a obtenu une augmentation de salaire, elle ne peut pas se payer ce luxe.
   5. _____ vous fassiez, vous n'aurez pas le dernier mot.
   6. _____ embarrassée _____ vous soyez, n'hésitez pas à demander de l'aide.
   7. Paule plantait des fleurs, _____ ses enfants se prélassaient au soleil.
   8. _____ compétent soit-_____, aucun médecin n'est à l'abri d'une erreur.
   9. Gardons confiance _____ il advienne.
   10. _____ je l'avais vu de mes propres yeux, je ne le croirais pas.
   11. _____ soit son contenu, une loi sur la peine de mort suscitera toujours des réactions différentes.
   12. Vous ne trouverez pas mieux _____ vous alliez.

2. **Transformez les phrases suivantes de manière à utiliser une expression de concession autre que *même si*. Variez les tournures.**

   1. Même si ce conférencier est très éloquent, il a une diction épouvantable.

   _____

   2. Même si les conditions météorologiques n'étaient pas très encourageantes, nous sommes partis faire du camping.

   _____

   3. Même si ce film est original, il m'a laissée indifférente.

   _____

   4. Même si elle n'a pas fait d'études poussées, elle est devenue PDG d'une prestigieuse compagnie.

   _____

   5. Même si nous en avions les moyens, nous ne pourrions pas partir en vacances.

   _____

3. Utilisez l'expression *avoir beau* dans les phrases suivantes et faites les changements nécessaires.

1. Il voulait se distraire et pourtant il est resté à sa table de travail.

_____

2. Nous sommes à la fin mai et il neige.

_____

3. Même si vous lui faites les plus beaux cadeaux, vous n'obtiendrez rien d'elle.

_____

4. Ses parents lui ont répété sans cesse de mieux se préparer à ses examens, cependant il n'a pas réussi.

_____

5. L'ingénieur cherchait de nouvelles solutions à ce problème, mais celui-ci restait insoluble.

_____

4. Reliez les phrases suivantes par une tournure exprimant la concession. Utilisez pour chaque cas une formule différente.

1. Annie fréquente ce bar. Sa mère la désapprouve.

_____

2. La situation reste tendue au Moyen-Orient. Les chefs d'État se sont rencontrés.

_____

3. Monsieur Martin veut devenir directeur de la compagnie. Il est incompétent.

_____

4. Vous me vantez les intérêts de ce poste. Je ne me séparerai jamais de ma famille.

_____

5. Elle a essuyé de nombreux échecs. Elle reste confiante.

_____

6. Votre argument est des plus intéressants. Il n'est guère réaliste.

_____

7. Ils sont célèbres. Ils doivent montrer leurs papiers d'identité pour entrer.

_____

5. Après avoir lu le paragraphe suivant, repérez-en les différentes étapes et remplacez dans la mesure du possible les mots charnières par des expressions équivalentes.

> Dans nos sociétés, la valorisation de l'individu passe par l'activité professionnelle. Il est vrai que le travail rémunéré confère à l'individu un statut social. Quand un chercheur découvre une nouvelle théorie, publie un article ou reçoit un prix pour l'ensemble de ses activités, il est reconnu, il est quelqu'un. Mais qu'en est-il du travail bénévole et domestique ? Bien des activités non rémunérées sont pourtant utiles à la communauté et ne jouissent hélas d'aucune reconnaissance.

6. Complétez les espaces vides de la lettre suivante en ayant recours à une expression d'opposition ou de concession.

> J'avoue ne pas toujours apprécier les critiques que font les lecteurs sur le contenu et la forme de votre revue. _____, elles vous aident à vous perfectionner, _____ c'est ennuyant de lire toujours les mêmes commentaires. _____, certains témoignages, certaines suggestions s'avèrent très intéressants. J'apprécie par ailleurs la finesse des éditoriaux, _____ je ne partage pas toujours vos idées.
>
> Vous _____ dire que les articles sont traités avec objectivité, je constate que vos deux numéros sont particulièrement politisés. N'allez-vous pas _____ de votre philosophie ?
>
> Marcel Bayon, Port-au-Prince.

PRODUCTION DE TEXTES

1. Discutez le sujet suivant en vous inspirant des idées proposées.

> **Loisirs et travail**
> – Importance des loisirs dans les sociétés occidentales
> – Distraction, détente et divertissement sont indispensables pour faire face au stress.
> – Moins il y a de travail, plus il y a de chômeurs et plus on a de temps à consacrer aux loisirs.
> – Loisirs = consommation

2. Situation

Vous êtes romancier et vous expliquez au journaliste qui vous pose des questions que la vie de votre héros diffère en bien des points de celle de votre père, source d'inspiration de votre œuvre.

- Votre héros : Arthur Lesage
    - résistant dès le début de la Seconde Guerre mondiale
    - organisateur d'attentats
    - meurt dans un camp de déportés

- Votre père : Pierre Legrand
    - résistant en 1943 pendant la Seconde Guerre mondiale
    - posait des bombes sur les voies ferrées
    - est revenu vivant de la déportation

---

3. Discutez les points de vue suivants en les réfutant ou en les concédant. Veillez à la construction de vos paragraphes.

1. Les centrales nucléaires sont dangereuses.

2. Les nouvelles techniques de reproduction posent un problème éthique.

3. Les politiciens sont plus conscients des problèmes liés à l'environnement.

4. Les troubles du sommeil sont de plus en plus fréquents chez les citadins.

14

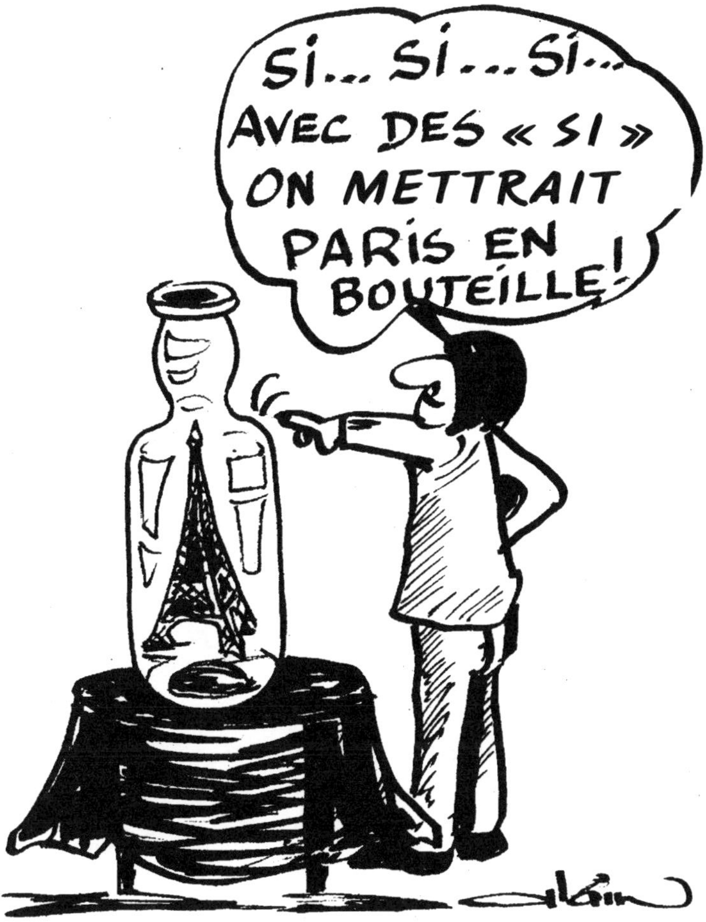

Avec des si...

L'hypothèse

Émettre une hypothèse, c'est faire une supposition sur une situation présente, future ou passée et en exposer les conséquences possibles. L'hypothèse est donc un outil particulièrement précieux pour l'argumentation puisqu'il permet :

▷ d'aborder l'objet du débat sous plusieurs angles différents :

> Peut-être les enseignants ont-ils un rôle plus important que celui qu'on veut bien leur attribuer.

▷ d'envisager plusieurs causes à l'origine de tel ou tel problème :

> Toujours aucune intervention : soit que le gouvernement ne se sente pas en droit d'intervenir ou qu'une autre puissance se soit interposée dans le conflit.

▷ d'envisager diverses situations et d'en exposer les conséquences (afin de susciter par exemple des inquiétudes chez le lecteur) :

> Si nous n'agissons pas dès aujourd'hui, notre belle planète deviendra bientôt une gigantesque décharge.
> À moins d'une prise de conscience rapide de la gravité de la situation, la famine entraînera des milliers de victimes supplémentaires.

▷ de remettre en question une situation :

> Et si l'on nous avait menti ?

À l'intérieur même de la notion d'hypothèse, il faut toutefois distinguer plusieurs nuances sémantiques qui, nous allons le voir, gouvernent l'utilisation des temps et des modes :

> – **la probabilité** (l'hypothèse a des chances de se réaliser)
> – **l'éventualité** (l'hypothèse est à envisager mais est peu probable)
> – **l'irréel** (l'hypothèse est entièrement fictive)

Au concept d'hypothèse doit par ailleurs être associé celui de **condition** puisque toute condition est posée comme situation hypothétique devant se réaliser pour qu'une autre se concrétise.

> « La première **condition** du développement de l'esprit, c'est sa liberté. » (Renan)
> [Ici, la liberté de l'esprit est posée comme hypothétique.]
> **Du moment que** les mesures de sécurité sont respectées, nous n'avons rien à craindre.

LE LEXIQUE DE L'HYPOTHÈSE

1 ▶ Une hypothèse

▷ **émettre/avancer** une hypothèse

> Dans l'affaire de la mort du juge, on **a avancé l'hypothèse** d'un suicide.

▷ **rejeter** une hypothèse

▷ **se rallier à** une hypothèse / **être en faveur d'**une hypothèse

> La grande majorité des spécialistes **se rallient** à l'hypothèse qu'il a avancée.

▷ **confirmer** une hypothèse

2 ▶ Une supposition

▷ **supposer** que + ind.

> Je **suppose qu'**avec l'arrivée des triplés vous allez quitter votre emploi.

▷ **imaginer** que + ind. ou nom

> **J'imagine** sa déception / qu'il sera déçu quand il apprendra la nouvelle.

 N. B. À l'impératif et au gérondif, *supposer* et *imaginer* se construisent avec le subjonctif :

> **Supposez qu'**il vous **faille** quitter votre emploi...

3 ▶ Une possibilité

▷ **envisager** une possibilité

> **J'envisage la possibilité** d'aller travailler à l'étranger si je ne trouve pas d'emploi ici.

▷ **possiblement**

▷ **il est possible** que + subjonctif

> **Il est possible que** les élections aient lieu plus tôt que prévu.

4 ▶ Une éventualité

▷ **éventuel / éventuellement**

> Vous n'êtes jamais à l'abri d'un cambriolage **éventuel.**

 N. B. Ne confondez pas
> *eventually* (angl.), qui se traduit par *finalement* en français,
> et   *éventuellement,* qui se traduit par *possibly* en anglais.

5 ▶ Une probabilité

▷ **probable / probablement**

▷ **il est probable** que (+ indic.)

> **Il est probable que** tous les restaurants seront bientôt interdits aux fumeurs.

▷ **sans doute**

> **Sans doute** se sera-t-elle arrêtée en cours de route.

⚠ **ATTENTION :** en début de phrase, *sans doute* est suivi d'une inversion.

6 ▶ Des soupçons (hypothèse fondée sur des indices)

▷ **se douter** de qqch.

▷ **soupçonner** quelqu'un ou quelque chose de (+ nom ou infinitif)

> Je le **soupçonne** d'être impliqué dans un trafic de drogue.

▷ **soupçonner** que + subj. ou ind.

7 ▶ Expressions utiles

– Ceci tend(rait) à prouver que...

– Cette hypothèse remet en cause l'explication selon laquelle...

– Ne pourrait-on pas attribuer ces résultats à...

– Il n'est pas inconcevable que...

– Il n'est pas exclu que...

– Il y a de fortes chances pour que...

LE *SI* DE CONDITION / D'HYPOTHÈSE

Les propositions conditionnelles introduites par *si* sont probablement la tournure syntaxique la plus courante pour exprimer une hypothèse ou une condition. Il faut toutefois s'assurer de bien maîtriser la règle de concordance des temps/modes : une erreur de temps ou de mode peut en effet changer le sens de l'énoncé comme le montre le tableau de la page ci-contre.

1 ▶ Concordance des temps et des modes avec le *si* de condition / d'hypothèse

	PROPOSITION SUBORDONNÉE (HYPOTHÈSE)	PROPOSITION PRINCIPALE (CONSÉQUENCE)
PROBABILITÉ où on ne se prononce **pas** sur la réalisation de la condition ou de l'hypothèse	*SI* + présent S'il est d'accord... Si je gagne à la loterie... *SI* + passé composé (condition achevée) Si tu as lu cet article...	**présent / futur / impératif** ... je pars / je partirai / vas-y ! ... j'achète / j'achèterai / achetons une maison. **indicatif (présent / passé composé / futur) / impératif / conditionnel** ... tu as pu constater que... ... tu pourras mieux comprendre le cours. ... tu pourrais lire ce livre du même auteur.
ÉVENTUALITÉ (un jour, peut-être...)	*SI* + imparfait Si je gagnais à la loterie... S'il venait nous rejoindre...	**conditionnel présent / impératif** ... j'achèterais une maison en France. ... veillez à ce qu'il s'amuse.
IRRÉEL **Hypothèse** sur la situation présente **contraire à la réalité**	*SI* + imparfait Si elle était plus grande... Si j'étais votre mère...	**conditionnel présent** ... elle pourrait être mannequin. ... je n'accepterais pas cette attitude.
Hypothèse sur une situation **NON RÉALISÉE** dans le passé	*SI* + plus-que-parfait Si vous m'aviez écoutée... Si j'avais vécu dans un pays francophone...	**conditionnel passé** ... cet incident ne serait pas arrivé. **conditionnel présent** (conséquence dans le présent) ... je serais bilingue.

Pour mieux comprendre, comparez les énoncés suivants :

▷   Si je ga<u>gne</u> à la loterie, je m'achè<u>terai</u> une maison en France.

Si j'<u>ai gagné</u> à la loterie [je n'ai pas encore vérifié les résultats], j'achète<u>(rai)</u> une maison.

L'auteur de ces phrases ne se prononce pas sur la réalité ou réalisation du gain. Il indique simplement que le gain à la loterie est la **condition** préalable de l'achat de la maison : j'achèterai cette maison à condition que je gagne à la loterie.

▷   Si (jamais, un jour) je ga<u>gnais</u> à la loterie, je m'achè<u>terais</u> une maison en France.

Ici, le gain est présenté comme possible dans l'avenir (un jour), mais **improbable :** c'est un rêve, une **éventualité,** d'où le conditionnel.

▷   Si j'<u>étais</u> riche, j'achè<u>terais</u> une maison en France.

Il s'agit ici d'une hypothèse portant sur le présent et dans laquelle la situation est présentée comme tout à fait **irréelle :** je ne suis pas riche mais j'aime **imaginer** le contraire (d'où le conditionnel).

▷   Si, à l'époque, j'<u>avais gagné</u> à la loterie, j'<u>aurais pu</u> acheter une maison en France.

Cet énoncé évoque ce qui aurait pu avoir lieu dans le **passé.** Ce n'est qu'une **hypothèse :** malheureusement, à l'époque je n'ai pas gagné à la loterie et je ne fais que rêver aux possibilités manquées (d'où le conditionnel passé).

2 ▶ Autres valeurs, autres constructions

▷ La construction *si (seulement)* + **imparfait,** puisque renvoyant à une hypothèse non réalisable ou non encore réalisée, peut bien sûr exprimer le **souhait :**

Ah ! **si j'avais** dix ans de moins !

▷ De même, la construction *si* + **plus-que-parfait** utilisée pour une hypothèse portant sur le passé peut servir à exprimer le **regret :**

Si j'avais écouté les conseils de mes parents !

▷ *sinon* équivaut généralement à *sans cela, autrement, sans quoi :*

Dépêche-toi, **sinon** tu vas être en retard.

[Si tu ne te dépêches pas, tu seras en retard.]

▷ Dans une seconde hypothèse coordonnée à une première, on remplace fréquemment le **si** ou **comme si** par **que + subjonctif** (ou indicatif dans un niveau de langue moins soutenu) :

> **Si** tu tombes et **que** tu te fasses / fais mal, ce sera ta faute.

> **Si** tu tombais et **que** tu te fisses / faisais mal, ce serait ta faute.

⚠ **ATTENTION :** Il ne faut pas confondre le *si* **de condition ou d'hypothèse** avec le *si* **de l'interrogation indirecte :**

> Je me demande **si elle partira** en vacances.
>
> [Je me demande : « Partira-t-elle en vacances ? »]
>
> Elle ne savait pas **si elle partirait** en vacances.
>
> [Partirait-elle en vacances ? Elle ne le savait pas.]

Le si de l'interrogation indirecte peut être suivi du futur ou du conditionnel alors que **le *si* de condition / d'hypothèse n'est jamais suivi du futur ou du conditionnel.**

MOYENS SYNTAXIQUES AUTRES QUE *SI*

1 ▶ *Peut-être* (+ inversion) / *Peut-être que* (sans inversion)

> **Peut-être pourra-t-on** un jour aller passer ses vacances sur la lune ?
>
> **Peut-être que l'on pourra** un jour aller passer ses vacances sur la lune.

2 ▶ Le futur antérieur

Dans un niveau de langue soutenu, le futur antérieur peut servir à exprimer une hypothèse :

> Tiens, Julie n'est pas encore rentrée... Elle **se sera** (probablement) **arrêtée** faire des courses.

3 ▶ Conjonctions, prépositions et locutions prépositives

(Consultez le tableau des pages suivantes.)

CONJONCTIONS, PRÉPOSITIONS ET LOCUTIONS PRÉPOSITIVES
pour exprimer la condition ou l'hypothèse

	INDICATIF	SUBJONCTIF	CONDITIONNEL	PRÉP. + INFINITIF	PRÉPOSITION + NOM
Condition nécessaire	• **dans la mesure où** Nous pouvons partir à l'heure **dans la mesure où tu acceptes** de te dépêcher.	• **à (la) (seule) condition que** L'ôtage sera libéré **à condition qu'une rançon** de 10 000 $ **soit versée.** • **pourvu que / du moment que** Vous pouvez pêcher, **pourvu que / du moment que vous ayez** votre **permis.**	• **dans la mesure où** Nous pourrons arriver à l'heure **dans la mesure où tu consentirais** à te dépêcher.	• **à condition de** Nous arriverons à temps **à condition de nous dépêcher.**	• **avec (moyen)** **Avec un peu de patience,** tout est possible. • **sans** **Sans argent,** on ne va pas loin.
Condition double	• **selon que... ou que** Selon qu'il fera beau ou qu'il pleuvra, nous sortirons ou resterons à la maison.				
Condition minimale suffisante avec conséquence probable		• **pour peu que** (= il suffit que... pour que) Pour peu que le bus ait du retard, je manquerai mon avion.			
Hypothèse ou condition avec restriction	• **sauf si / excepté si** Le chien ne vous mordra pas, **sauf si vous** l'attaquez.	• **à moins que** Le chien ne vous mordra pas, à **moins que vous ne** l'attaquiez.		• **à moins de** À moins d'avoir beaucoup de chance, il est très difficile, sans diplôme, de trouver un emploi.	• **à moins de** À moins d'une erreur, il nous reste 20 $. • **sauf** Sauf erreur, ... • **sous réserve de**

	INDICATIF	SUBJONCTIF	CONDITIONNEL	PRÉP. + INFINITIF	PRÉPOSITION + NOM
Hypothèse ou condition avec idée de concession	• même si (voir concordance des temps de *si*)			• quitte à • au risque de Il a avoué, quitte à / au risque de lui faire de la peine.	
Supposition sur un fait présent ou futur		• à supposer que • en supposant que • en admettant que + subjonctif présent À supposer qu'il **parte**, que lui diriez-vous ?			• avec/sans + cond. présent Avec un guide, vous ne vous perdriez pas.
Supposition sur un fait passé		• à supposer que • en supposant que • en admettant que + subjonctif passé En supposant qu'il **ait menti**, qu'est-ce que cela change ?			• avec/sans + cond. passé Avec un guide, vous ne vous seriez pas perdues.
Éventualité	• si jamais... • SI, par hasard... • si, par malheur... (voir concordance des temps de *si*)		• au cas où • dans le cas où • dans l'hypothèse où Au cas où vous auriez besoin de moi, n'hésitez pas...		• en cas de En cas de panne, appelez-moi.
Éventualité double (alternative)		• que... ou (que) Que tu sois d'accord ou non, ma décision est prise. • soit que... ou que Soit que vous soyez honnête, soit / ou que vous ne le soyez pas.	• selon que... ou que...		

EXERCICES

1. *a*) Identifiez, dans le texte suivant, les expressions marquant l'hypothèse, la probabilité et la condition.

Il y a de fortes chances pour que la forêt tropicale disparaisse de la surface du globe si on ne ralentit pas le rythme de déboisement de plus en plus intensif. Cette hypothèse avancée par les scientifiques du monde entier inquiète. Couvrant 7 % de la superficie du globe, la forêt abrite plus de la moitié des espèces animales et végétales. Un quart de nos médicaments proviennent de plantes tropicales. La pervenche rose de Madagascar, par exemple, permet de combattre la leucémie chez les jeunes enfants. La papaye d'Amérique centrale traite les maladies de l'estomac. Une espèce d'arbre d'Amazonie et d'Australie est à l'étude actuellement et pourrait éventuellement fournir un remède au sida. La disparition de plantes jusqu'alors inconnues entraînera probablement avec elles celle de futurs remèdes. Nous pourrons sauver cet immense patrimoine végétal à la seule condition que les gouvernements s'en donnent réellement les moyens.

***b*) Sur le thème de la préservation de la forêt tropicale, donnez une suite aux énoncés suivants :**

1. Nous pourrons préserver nos forêts dans la mesure où...

_____

2. La forêt, océan de verdure, disparaîtra à moins que...

_____

3. Une taxe de 10 % sur les bois tropicaux permettrait...

_____

4. Si l'on rase la forêt tropicale, habitat idéal pour les reptiles,...

_____

5. Si jamais certains pays ne signaient pas la convention sur le commerce international des espèces en danger...

_____

2. Mettez les verbes entre parenthèses au mode et au temps qui conviennent.

1. Cet été, si les températures continuent à baisser, la récolte (être) _____ perdue.
2. Si les consommateurs (acheter) _____ davantage, la production reprendrait et l'usine embaucherait du personnel.
3. Au cas où le métro (être bondé) _____, prenez un taxi.
4. Pour peu que ce serpent (être effrayé) _____, il devient agressif et dangereux.

5. Sans ma lettre de recommandation du mois dernier, il (ne jamais obtenir) _____ cette place de cadre.

6. En supposant même que vous (perdre) _____ beaucoup de points dans votre prochain test, vous ne devriez pas échouer.

7. Vous pouvez entrer dans ce magasin de vente d'alcool pourvu que vous (avoir) _____ dix-huit ans.

3. Remplacez les conjonctions *au cas où, à condition que* **et** *à moins que* **par les locutions prépositives correspondantes** *en cas de, à condition de* **et** *à moins de.* **Faites les changements nécessaires.**

1. Au cas où vous seriez malade, il faudrait apporter un certificat médical.

_____

2. Vous arriverez à temps à condition que vous partiez avant la nuit.

_____

3. Voici mon numéro de téléphone, au cas où tu aurais une urgence.

_____

4. Il n'acceptera pas cette offre à moins qu'il ne reçoive une augmentation. (2 réponses)

_____

5. Elle réussira à ses examens à condition qu'elle se prépare.

_____

6. Prends ton imperméable au cas où il pleuvrait.

_____

7. À moins que nous ne nous soyons trompés dans nos calculs, notre découverte va révolutionner la science.

_____

4. Reliez les phrases suivantes de façon à faire ressortir le rapport hypothèse/conséquence. Variez les tournures.

1. J'assisterai à la prochaine réunion du comité. Mais vous m'avertirez à temps.

_____

2. Il ne t'entendra pas. Tu dois parler très fort.

_____

3. L'armée s'en va ? L'économie régionale sera au plus bas.

_____

4. Tu tombes en panne en pleine campagne : que fais-tu ?

_____

5. Vous ne pouvez pas entrer dans ce cinéma. Vous devez être accompagné d'un adulte.

_____

6. Vous me devez 120 dollars. Mais je me trompe peut-être.

_____

7. Elle lui a dit ses quatre vérités. Elle aurait pu se faire renvoyer.

_____

5. Complétez les phrases suivantes. Attention à la fonction de *si* !

   1. Si vous l'aviez écoutée...

   2. La situation économique serait différente si...

   3. Je me suis toujours demandé si...

   4. Si la peine de mort est abolie dans ce pays...

   5. Que serais-je devenu si...

   6. Mon banquier voulait savoir si...

6. Imaginez une hypothèse possible à chacun des énoncés suivants :

   1. Les personnes âgées seraient moins seules.

_____

   2. Notre société connaîtrait moins de discrimination raciale.

_____

   3. La libération de la femme n'aurait jamais existé.

_____

   4. Il serait possible de prévenir plus souvent le suicide des jeunes.

_____

   5. Les guerres pourraient être évitées.

_____

7. Sur le thème « la pollution et l'avenir de la planète », faites des phrases comprenant les éléments linguistiques suivants :

- Supposons que...
- Au risque de...
- Pour peu que...
- Dans la mesure où...
- Pourvu que...
- Soit que... ou que...

PRODUCTION DE TEXTES

1. Le proverbe dit : « Si tu veux la paix, prépare la guerre. » Commentez.

2. Même si les techniques médicales parvenaient à sauvegarder notre vivacité d'esprit parallèlement à notre vigueur physique, devrions-nous souhaiter l'allongement de la vie ? Tentez de répondre à cette question en tenant compte notamment des éléments suivants :

- les conditions de la longévité
- le concept de la retraite
- le problème de la surpopulation

bibliographie sélective

BARIL, Denis, et GUILLET, Jean. *Techniques de l'expression écrite et orale,* t. II, Paris, Sirey, 1985, 305 p.

CHABROL, Claude, et CHARAUDEAU, Patrick. « Lecteurs cibles et destinataires visés : à propos de l'argumentation publicitaire », *Versus,* n° 52-53, 1989, p. 151-161.

CICUREL, Françoise. *Lectures interactives,* Paris, Hachette FLE, 1991, 155 p.

COLOMBIER, Pierre. « L'argumentation écrite pas à pas », *Le français dans le monde,* n° 222, oct. 1988, p. 47-55.

GRAMMAIRE DE TEXTE, numéro thématique de *Le français dans le monde,* n° 192, avr. 1985, 93 p.

HALSALL, Albert W. *L'Art de convaincre : le récit pragmatique (rhétorique, idéologie, propagande),* Toronto, Les Éditions Paratexte / Trinity College, 1988, 438 p.

HAUPTMAN, Philip C., LEBLANC, Raymond, et BINGHAM-WESCHE, Marjorie (s. la dir de). *L'Évaluation de la « performance » en langue seconde,* Ottawa, Presses de l'Université d'Ottawa, 1985, 308 p.

KLEIN-LATAUD, Christine. *Précis des figures de style,* Toronto, Éd. du Gref, coll. Tel n° 2, 1991, 146 p.

MARGERIE, Charles DE. « La publicité et l'enseignement du français langue étrangère », *Le français dans le monde,* n° 163, août-sept. 1981, p. 47-50 et 67-68.

MOIRAND, Sophie. *Une grammaire des textes et des dialogues,* Paris, Hachette FLE, coll. F / autoformation, 1990, 159 p.

PEUROUTET, Claude. *La Pratique de l'expression écrite,* Paris, Nathan, coll. Repères pratiques, 1981, 160 p.

PIGALLET, Philippe. *Écrire, mode d'emploi,* Paris, Nathan, 1989, 223 p.

REICHLER-BÉGUELIN, Marie-José, DENERVAUD, Monique, et JESPERSEN, Janine. *Écrire en français : cohésion textuelle et apprentissage de l'expression écrite,* Neuchâtel (Suisse) / Paris, Delachaux et Niestlé, coll. Techniques et méthodes pédagogiques, 1988, 223 p.

RUQUET, Michel, et QUOY-BODIN, Jean-Luc, avec la collab. de Micheline CAYOL. *Raisonner à la française,* Paris, Clé international, coll. Comment dire ?, 1988, 159 p.

SIMARD, Jean-Paul. *Guide du savoir écrire,* Montréal, Les Éditions de l'homme, 1984, 528 p.

TREMBLAY, Robert. *L'Écritoire : outils pour la lecture et la rédaction des textes raisonnés,* Montréal, McGraw-Hill, 1991, 189 p.

VIGNER, Gérard. *Écrire et convaincre,* Paris, Hachette, 1975, 112 p.

WEINRICH, Harald. *Grammaire textuelle du français,* Paris, Didier, 1989, 671 p.

g l o s s a i r e

ACCORD

de l'adjectif : *une belle journée, de beaux tableaux...*

L'adjectif s'accorde en **genre** (masculin/féminin) et en **nombre** (singulier/pluriel) avec le nom auquel il se rapporte.

du verbe avec le sujet : *Ils nous téléphonent tous les jours.*

du participe passé : *Ils sont sortis et se sont amusés avec des amis qu'ils avaient rencontrés la veille.*

Le participe passé s'accorde en genre et en nombre avec

- **le sujet** des verbes conjugués avec être ;
- **le complément d'objet direct** d'un verbe employé avec avoir, si le complément d'objet direct est placé avant le verbe.

☛ L'accord du participe passé des **verbes pronominaux** dépend de la nature du verbe pronominal : consultez votre grammaire de référence.

ACTIF *voir* VOIX ACTIVE

ADJECTIF

démonstratif : *ce chat, cet avion, ces enfants*

Il a la même fonction que l'article mais sert aussi à « montrer », à localiser, à renvoyer à ce qui a déjà été mentionné.

indéfini : *aucun goût, chaque jour, plusieurs idées, quelques suggestions, toute la journée...*

interrogatif : *Quel numéro ? Quelle rue ?*

possessif : *mon projet, ma carrière, mes livres*

Il a la même fonction que l'article mais sert aussi à marquer la possession.

☛ Ne pas confondre le possessif *leur/leurs* avec le pronom personnel *leur* qui ne prend jamais de *s*.

qualificatif : *C'est une histoire amusante* [a]. *Ce récit est passionnant* [b]*.*

Il sert à qualifier une chose ou un objet.

a) **épithète** : adjectif qualificatif placé directement avant ou après le nom auquel il se rapporte.

b) **attribut** : adjectif qualificatif séparé du nom auquel il se rapporte par un verbe d'état (être, paraître...).

verbal *voir* PARTICIPE PRÉSENT

ADVERBE

Il parle trop lentement avec une voix très grave.

Mot invariable qui complète un verbe, un adjectif qualificatif ou un autre adverbe.

Les adverbes en *–ment* se construisent généralement à partir de l'adjectif au féminin *(lentement = lent + e + –ment)*.

adverbe interrogatif : *Quand... ? Comment... ? Où... ? Pourquoi... ?*

AGENT *voir* COMPLÉMENT D'AGENT

ANTÉCÉDENT

J'ai beaucoup aimé la carte que tu m'as envoyée.

Mot de la proposition principale que remplace le pronom relatif. (que = la carte)

ANTONYME

chaud/froid ; long/court ; jeune/vieux

Mot de sens contraire.

APPOSITION

Paru en 1980, cet essai philosophique a suscité de nombreux débats.

Groupe de mots entre virgules ou en début de proposition caractérisant un être ou un objet.

ARTICLE

défini : *la table, le fauteuil, les fruits*

indéfini : *une table, un fauteuil, des fruits*

partitif : *du beurre, de l'eau*

ATTRIBUT *voir* ADJECTIF QUALIFICATIF

AUXILIAIRE

Je suis partie. Vous avez couru. Nous allons partir dans deux minutes.

L'auxiliaire (*être* ou *avoir*) est la partie conjuguée des formes composées du verbe.

Aller est un auxiliaire de temps permettant d'indiquer le futur proche.

COGNATE

jardin, jardinier, jardinage

Mot de la même « famille »

COMPLÉMENT D'AGENT

L'Amérique a été découverte par <u>Christophe Colomb</u>.
(Christophe Colomb a découvert l'Amérique.)

À la voix passive, le complément d'agent correspond au sujet du verbe à la voix active.

COMPLÉMENT D'OBJET DIRECT (COD)

Je lis <u>une histoire</u> à mon fils tous les soirs.

Il répond à la question *qui ?* ou *quoi ?* posée après le verbe. *(Je lis quoi ? — Une histoire.)*

COMPLÉMENT D'OBJET INDIRECT (COI)

Je lis <u>une histoire</u> à mon fils tous les soirs.

Il répond à la question *à qui ?* ou *à quoi ?* posée après le verbe. *(Je lis [une histoire] à qui ? — À mon fils.)*

CONDITIONNEL

J'<u>aimerais</u> vous aider : voici les clés au cas où vous <u>arriveriez</u> avant nous.

Mode verbal utilisé

- avec les verbes de volonté ou de désir dans les formules de politesse
- pour exprimer un état ou une action soumise à une condition, une éventualité ou une hypothèse
- pour exprimer le futur dans le passé : *Je savais qu'il <u>viendrait</u>.*

CONJONCTION (et LOCUTION CONJONCTIVE)

de coordination : *Le chat <u>et</u> la souris. Boire <u>ou</u> conduire. Ils sont heureux, <u>donc</u> ils dansent.*

Elle relie deux éléments de même nature (deux noms, deux verbes, deux propositions...).

de subordination : *Ils nous ont téléphoné <u>dès qu'ils ont appris la nouvelle</u>.*

Elle introduit une proposition (de temps, de lieu, de but, de cause...) qui complète la proposition principale.

CONNECTEUR

Le gouvernement a décidé d'augmenter la taxe sur les alcools. <u>De même</u>, les cigarettes coûteront plus cher aux fumeurs le mois prochain.

Appelé aussi « mot charnière », le connecteur relie deux idées, deux phrases, deux paragraphes...

DÉCLARATIVE

Le premier ministre a démissionné.

Phrase neutre d'un point de vue expressif, traduisant une simple déclaration.

DÉTERMINANT

<u>Ce</u> matin, <u>mon</u> voisin a tondu <u>la</u> pelouse.

On appelle ainsi tous les mots qui portent le genre (m./f.) et le nombre (sing./pl.) du nom qu'ils introduisent : articles, adjectifs possessifs, adjectifs démonstratifs, adjectifs indéfinis...

DISCOURS RAPPORTÉ

Le président a déclaré <u>qu'il allait réduire les impôts</u>.

Discours cité par le biais d'un verbe introducteur tel que *dire que , annoncer que, demander que*, etc.

☛ Attention à la concordance des temps au passé !

ÉPITHÈTE *voir* **ADJECTIF QUALIFICATIF**

ÉTYMOLOGIE

Origine historique des mots.

EXCLAMATIVE

Quel fiasco !

Phrase traduisant une émotion forte (joie, surprise, colère...) et se terminant par un point d'exclamation (!).

EXPLÉTIF *voir* **NE EXPLÉTIF**

GENRE

Le lièvre et <u>la</u> tortue

Le féminin et le masculin sont les deux seuls genres utilisés en français. Un troisième genre existe en allemand, en grec et en latin : le neutre.

GÉRONDIF

Il chante toujours <u>en se rasant</u>. C'est <u>en forgeant</u> qu'on devient forgeron.

Forme verbale en *–ant* précédée de *en* et qui exprime la simultanéité, la cause ou la manière.

GROUPE NOMINAL

Le mont Everest (8 848 m) est <u>la plus haute montagne du monde</u>.

Groupe de mots comprenant un nom et tous les mots qui s'y rapportent : article, adjectifs, compléments du nom...

GROUPE VERBAL

Ils <u>se sont amusés</u> toute la nuit.

Ensemble des mots formant le verbe : auxiliaire, participe passé, pronom personnel réfléchi...

HOMONYME

Ma <u>mère</u> et le <u>maire</u> sont partis au bord de la <u>mer.</u>

Des homonymes sont des mots qui se prononcent de la même façon mais ont une graphie et un sens différents.

IMPÉRATIF

<u>Écoutez</u> ! <u>Étudions</u> davantage pour mettre toutes les chances de notre côté.

Mode verbal utilisé pour exprimer un ordre ou un conseil.

IMPÉRATIVE

Rentrons tous à la maison !

Phrase ou proposition dont le verbe est au mode impératif.

IMPERSONNEL

structure impersonnelle : *Il est nécessaire de... Il est important que...*

Structure dont le sujet *il* ne remplace aucun nom.

verbe impersonnel : *Il faut que... Il importe que... Il neige. Il pleut.*

Verbe qui ne se conjugue qu'à la 3e personne du singulier avec le pronom impersonnel *il* et à l'infinitif.

INDÉFINI *voir* ADJECTIF/PRONOM INDÉFINI

INDICATIF

Mode verbal connotant les faits certains, réels. L'indicatif comporte huit temps : le **présent,** le **passé composé,** l'**imparfait,** le **passé antérieur,** le **futur antérieur,** le **futur simple,** le **plus-que-parfait** et le **passé simple.**

INFINITIF

présent : marcher, courir, entendre...

Forme non conjuguée du verbe telle que celui-ci se présente dans le dictionnaire.

passé : *avoir lu, être allé...*

Formé de l'auxiliaire *avoir* ou *être* à l'infinitif + participe passé.

INTERJECTION

Ah ! Oh ! Ouah ! Berk...

Mot invariable traduisant une réaction, une émotion, un sentiment.

INTERROGATIVE

Avez-vous déjà rencontré l'écrivain suisse (romand) Nicolas Bouvier ?

Phrase énoncée sous forme de question et se terminant à l'écrit par un point d'interrogation (?).

INTRANSITIF *voir* VERBE INTRANSITIF

INVERSION

<u>Avez-vous</u> fini ? Peut-être <u>aimeriez-vous</u> un café ?

Déplacement du sujet après le verbe (contrairement à l'ordre normal sujet + verbe). L'inversion se fait généralement dans les structures interrogatives ou après certaines expressions comme *peut-être, ainsi, sans doute...* placées en début de proposition.

JUXTAPOSITION

Il avançait une idée, elle le contredisait. Il disait blanc. Elle disait noir.

Association de propositions sans recours à des mots charnières.

LOCUTION

Groupe de mots ayant une fonction grammaticale spécifique :

adverbiale : *tout à fait, tôt ou tard...* (*voir* ADVERBE)

conjonctive : *afin que, de sorte que...* (*voir* CONJONCTION)

prépositive : *au-dessous de, à moins de...* (*voir* PRÉPOSITION)

MÉTAPHORE

Tous les hivers, la campagne <u>revêt son grand manteau blanc.</u> Cette personne est <u>un vrai ours.</u>

Figure de rhétorique : comparaison sans terme comparatif *(comme)* ou par substitution d'un mot par un autre, beaucoup plus imagé.

MISE EN APPOSITION *voir* APPOSITION

MODE VERBAL

Le mode verbal traduit généralement la pensée, l'attitude du locuteur vis-à-vis de l'action ou de l'état exprimé(e) par le verbe. Le français a recours à cinq modes différents (*voir* INFINITIF, INDICATIF, IMPÉRATIF, CONDITIONNEL, SUBJONCTIF). Il est aussi parfois question du mode **participial.**

NE EXPLÉTIF

Je voudrais vous parler avant que vous <u>ne</u> partiez.

Facultatif, le *ne* explétif se retrouve dans les propositions introduites par *avant que, de peur que, de crainte que, sans que...* dans un niveau de langue soutenu.

☞ Ce n'est pas une négation !

NÉGATION

<u>Personne</u> <u>ne</u> sait ce qui s'est passé. On <u>n'</u>a <u>rien</u> vu.

La négation s'exprime à l'aide

- **d'adverbes** : *ne... pas, ne... jamais, ne... guère, ne... plus, ne... point*
- **de la conjonction ni... ni...**
- **de pronoms indéfinis** : *rien... ne, aucun(e)... ne, personne... ne, nul(le)... ne*
- **d'adjectifs indéfinis** : <u>Aucun</u> employé <u>n'</u>a été licencié.

☞ Il faut généralement deux éléments pour la négation ! (jamais trois !)

NÉOLOGISME

Il <u>pleuviotte.</u> (= Il pleut un tout petit peu.)

Mot inventé — et donc nouveau — créé à l'aide d'un suffixe, d'un préfixe, de mots composés...

NOM

commun : *la chaise, le chien, la demoiselle...*

Le nom commun indique la nature ou l'espèce d'un être ou d'un objet.

propre (de personne ou de lieu) : <u>Pierre</u>, *la rue* <u>Papineau</u>, *la* <u>Grèce</u>, <u>Mme Dupont</u>...

Le nom propre indique en quelque sorte « l'identité » du lieu ou de la personne. Il prend une majuscule.

NOMBRE

L'adjectif doit s'accorder en genre (masculin/féminin) et en <u>nombre (singulier/pluriel)</u> avec le nom.

OBJET DIRECT *voir* COMPLÉMENT D'OBJET DIRECT

OBJET INDIRECT *voir* COMPLÉMENT D'OBJET INDIRECT

PARTICIPE

passé : *Elle a <u>souri</u>. Je me suis <u>souvenu</u> de mon rendez-vous. J'aurai bientôt <u>fini</u> mon travail.*

Deuxième partie de la forme composée du verbe. Certains participes passés de verbes transitifs directs peuvent être utilisés comme adjectifs (*un travail <u>fini</u>*).

(PARTICIPE)

présent : *J'ai rencontré une personne <u>parlant</u>* [= qui parle] *couramment l'anglais, le japonais, le chinois et le russe.*

Forme en –ant du verbe toujours invariable.

Utilisé comme adjectif, il devient **adjectif verbal ;** il s'accorde avec le nom auquel il se rapporte *(une robe voy<u>ante</u>)*.

PARTICIPIALE *voir* PROPOSITION PARTICIPIALE

PRÉFIXE

<u>pré</u>venir, <u>sur</u>venir, <u>re</u>venir, <u>par</u>venir, <u>inter</u>venir ; <u>em</u>porter, <u>dé</u>porter, <u>sup</u>porter, <u>ap</u>porter...

Ajouté devant le nom, le verbe, l'adjectif, etc., le préfixe permet de donner au mot un sens nouveau, plus restreint ou plus étendu. Le mot nouveau est alors un « dérivé » du premier.

PRÉPOSITION (et LOCUTION PRÉPOSITIVE)

Il va <u>à</u> Paris <u>en</u> avion <u>pour</u> assister <u>à</u> une conférence <u>sur</u> l'environnement.

Comme son nom l'indique, la préposition (ou locution prépositive) a pour fonction d'introduire un mot ou un groupe de mots qui dépendent d'un autre élément de la phrase : elle introduit un complément de lieu, de temps, du nom... La préposition est invariable.

PRONOM

Mot qui remplace un nom.

démonstratif : *celui(-ci), celle(-là), ceux(-là), celles(-ci)...*

indéfini : *chacun, on, personne...*

interrogatif : *Qui... ? Lequel... ? Lesquel(le)(s)... ?*

personnel : *je, tu, il, elle, nous, vous, ils, elles, me, te, se, leur, en, y...*

Remplace le nom d'une personne, d'un objet, d'un animal, d'un lieu...

☞ Attention à la place et à l'ordre des pronoms compléments !

possessif : *le mien, la tienne, le nôtre, les leurs...*

Détermine aussi l'appartenance.

relatif : *qui, que, quoi, dont, où, lequel, laquelle, auquel...*

Introduit une proposition relative dans laquelle sa fonction est de remplacer un nom ou un groupe de mots de la proposition principale (l'**antécédent**).

La maison est spacieuse ; j'habite dans cette maison.
→ *La maison <u>où</u> j'habite est spacieuse.*

PRONOMINAL

Relatif au pronom (*voir* aussi VERBE PRONOMINAL)

PROPOSITION

Unité syntaxique, généralement composée au moins d'un sujet et d'un verbe. (angl. : *clause*)

indépendante

Les feuilles mortes se ramassent à la pelle. (Prévert)

Proposition qui fonctionne seule et est suivie d'une ponctuation forte (point, point virgule...), à moins d'être coordonnée à une autre indépendante.

principale

Le lycée que j'ai fréquenté a bonne réputation.

Proposition jouant un rôle moteur dans la phrase et pouvant fonctionner de façon indépendante. D'autres propositions dépendent d'elle.

subordonnée

Proposition qui dépend de la proposition principale.

○ **relative**

Les livres que j'ai lus sont passionnants.

Subordonnée introduite par un pronom relatif, donne des renseignements sur un nom de la principale et joue donc le même rôle qu'un adjectif.

○ **conjonctive**

Les enfants jouaient pendant que leurs parents bavardaient.

Subordonnée introduite par une conjonction de subordination et complément de temps, de manière, de but, de cause, de conséquence... de la proposition principale.

○ **participiale**

Pensant s'absenter quelques minutes seulement, il n'avait pas fermé sa porte à clé.

Proposition dont le verbe n'est pas conjugué mais sous la forme d'un participe présent ou passé. Complément de la proposition principale, elle peut exprimer la cause, la manière ou la simultanéité.

○ **infinitive**

Je l'ai entendue chanter au Centre national des arts l'été dernier.

Proposition qui complète la proposition principale et dont le verbe est à l'infinitif.

STYLE INDIRECT *voir* **DISCOURS RAPPORTÉ**

SUBJONCTIF

Je souhaite que vous réussissiez à vos examens afin que vous puissiez entrer à l'université.

Mode verbal exprimant généralement un état ou une action appartenant au domaine de l'irréalisé, de la subjectivité, du sentiment, de la volonté, du but...

SUFFIXE

lavage, lavable, lavement, laveuse, laverie, lavette, lavoir ; compteur, comptable, comptabilité, comptabiliser.

Le suffixe est ajouté à la fin d'un mot (souvent un verbe) pour donner à celui-ci un sens nouveau (état, métier, machine, lieu...)

SUJET

Ma sœur vient souper ce soir. Le sport la passionne.

Répond à la question *Qui ? Qui est-ce qui ? Qu'est-ce qui ?* posée avant le verbe (*Qui [est-ce qui] vient souper ce soir ? — Ma sœur. Qu'est-ce qui la passionne ? — Le sport.*)

VERBE IMPERSONNEL *voir* **IMPERSONNEL**

VERBE INTRANSITIF

Ils voyagent. Nous travaillons dur.

Verbe qui n'a jamais de complément d'objet (direct ou indirect).

VERBE PRONOMINAL

Se promener, se marier, s'ennuyer, se coucher...

réfléchi : *Elle se coiffe. Nous nous levons à sept heures.*

Le sujet agit sur ou pour lui-même : le pronom réfléchi (*se, nous...*) représente la même personne que le sujet.

réciproque : *Ils se téléphonent souvent et se parlent pendant des heures. Vous ne vous voyez jamais.*

Le pronom réfléchi (toujours pluriel — *se, nous, vous...*) a le sens de « l'un (à) l'autre ».

essentiellement pronominal : *Elle s'est évanouie en apprenant qu'il s'était suicidé.*

Verbe qui n'existe que sous la forme pronominale. Le *se* n'est pas à proprement parler un pronom (il ne remplace rien) ; c'est plutôt une particule inséparable.

accidentellement pronominal : *C'est quand j'ai aperçu (= ai vu) le panneau « New York » que je me suis aperçue (= me suis rendu compte) que je roulais dans la mauvaise direction.*

Verbe qui change de sens à la forme pronominale.

(➤ VERBE PRONOMINAL **de sens passif**, page suivante.)

(VERBE PRONOMINAL)

de sens passif : *La porte s'est fermée derrière moi.*
(= *Quelque chose* [le vent, un système de ressort...] *a
fermé la porte derrière moi.*) *Les maisons se vendent
bien ce mois-ci.* (= *On vend beaucoup de maisons ce
mois-ci*).

☛ Les verbes pronominaux se conjuguent **toujours** avec
l'**auxiliaire *être* !**

VERBE TRANSITIF (DIRECT OU INDIRECT)

J'ai écrit une lettre à mes parents.

Verbe qui peut se construire avec un complément d'objet
direct ou un complément d'objet indirect.

VOIX ACTIVE

*Des touristes ont découvert une grotte préhistorique.
Des peintures multicolores ornent la grotte.*

Le verbe est suivi d'un complément d'objet direct (COD).

VOIX PASSIVE

*La grotte préhistorique qui a été découverte par les
touristes est ornée de peintures multicolores.*

Le COD de la proposition à la voix active est devenu sujet ;
le sujet de la proposition à la voix active est devenu
complément d'agent.

☛ Le passif se forme avec l'auxiliaire être (conjugué)
suivi du participe passé.

index

N. B. Le présent index ne renvoie pas aux exercices.

Q

Cet ouvrage, qui représente le neuvième tirage de
la deuxième édition entièrement revue, corrigée
et augmentée de *Voyage au bout de l'écrit,* numéro
un des Cahiers de la collection Tel, est publié aux
Éditions du Gref à Toronto (Ontario), Canada.
Réalisé d'après les maquettes de Robert Némoz
et Alain Baudot, composé en caractère Times pour
le corps du texte et en caractère Bodoni pour la
couverture, et tiré sur papier sans acide et recyclé,
il a été achevé d'imprimer le 10 août 2014 par
l'Imprimerie Presto Livres à Montréal (Québec),
pour le compte des Éditions du Gref, Toronto.